海外华人

哈佛大学费正清东亚研究中心赖世和讲座
（1997）

THE CHINESE OVERSEAS

From Earthbound China to the Quest for Autonomy

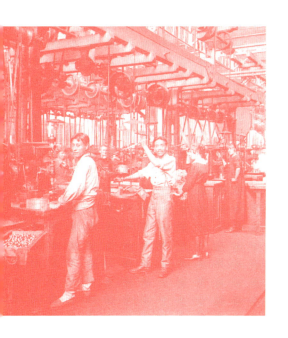

海外华人

从落叶归根
到追寻自我

王赓武 著　赵世玲 译

北京师范大学出版集团
BEIJING NORMAL UNIVERSITY PUBLISHING GROUP
北京师范大学出版社

图书在版编目（CIP）数据

海外华人：从落叶归根到追寻自我 / 王赓武著 . -- 北京：北京师范大学出版社，2020.1（2022.11 重印）
ISBN 978-7-303-25170-4

Ⅰ . ①海… Ⅱ . ①王… Ⅲ . ①华人 – 研究 – 世界 Ⅳ . ① D634.3

中国版本图书馆 CIP 数据核字（2019）第 212935 号

版权登记号：01-2018-6678

海外华人：从落叶归根到追寻自我
HAIWAI HUAREN: CONG LUOYEGUIGEN DAO ZHUIXUN ZIWO

王赓武 著 / 赵世玲 译

策划编辑：宋旭景　　　　责任编辑：宋旭景　陈　鹏
美术编辑：王齐云　　　　装帧设计：王齐云
责任校对：段立超　陶　涛　责任印制：陈　涛　赵　龙

出版发行：北京师范大学出版社　｜　开　本：890mm×1240mm　1/32　｜　版　次：2020 年 1 月第 1 版
印　　刷：北京盛通印刷股份有限公司　｜　印　张：3　｜　印　次：2022 年 11 月第 2 次印刷
经　　销：全国新华书店　　　　　　｜　字　数：66 千字　｜　定　价：29.00 元

北京师范大学出版社　　　　　　　版权所有·侵权必究

http://www.bnup.com　　　　　　　反盗版、侵权举报电话：010-58800697
北京市西城区新街口外大街 12-3 号　北京读者服务部电话：010-58808104
邮政编码：100088　　　　　　　　　外埠邮购电话：010-58808083
营销中心电话　010-58805385　　　　本书如有印装质量问题，请与印制管理部联系调换。
主题出版与重大项目策划部　　　　　印制管理部电话：010-58804922

献给玛格丽特

目　录 / Contents

第 03 章

追寻自我的多元文化主义 / 53

第01章

/ 涌向海洋：东南亚的华人

在我着手研究南中国海（South China Sea）的早期贸易时，就被两种现象打动。首先，早在公元前3世纪，中国就同这个地区有了联系；其次，在中国同这个类似于小地中海（Mediterranean Sea）的水域之间，发展商贸往来的可能性极多。地中海和南中国海当然大不相同。南中国海更开放、更危险，它的南面和东面都是群岛，没有其他的大陆。只有一个中华帝国傲视群伦，至少有2000年之久，任何沿海政权都无法与之抗衡。在公元后的前1000年中，尤其是从三国时代（220—280）到唐朝（618—907），早期贸易似乎充满机遇：三国时期，南方的吴国寻求同东南亚的王国和港口加强联系，后来在唐朝，中国同东南亚建立了外交和贸易关系。

1   吴国开创的这一关系持续发展。在公元后第二个1000年，由于中国南方人口迅速增长，在16世纪欧洲人来到亚洲之前，中国人与各类亚洲商人的贸易和外交往来都渐渐变得更为密切，也更为有利可图。但是同东南亚做生意的中国人始终不多，实际上很少有华人远离故土，长期定居海外。一个更为有趣的事实是，当华人大批迁居东南亚时，那里的大片地区已经处于西方统治之下。

为何华人没有利用很早就同亚洲贸易、港口建立的联系？为此，我们需要考察很多历史问题，包括中华帝国的性质，帝国有关贸易、移民和外交事务的政策，以及东南亚对中国的态度。这些问题也涉及特定事件、某些文化价值观，还有个人同亲族家乡的关系。这些问题涉及面广，囊括了或大或小、形形色色的各类议题，在此我只讨论其中几个。

2   关于中国存在着不计其数的老生常谈，其中的绝大多数有几分道理。其中最广为人知的一项，同我们的问题有关，即"被土地束缚的中国"（earthbound China）这个用语。以下我要对此加以扩充，并将该问题置于历史视野之下，声明用"被土地束缚和农业"来说明中国，就等于用"海上创业"来强调欧洲的发展。对于我们尝试理解中国人如何同亚洲沿海国家交往，为什么需要旷日持久的努力才能克服最初的限制，最终使两地建立起频繁的联系，这是一个恰当的时机。在本章我关注东南亚，绝大多数离开故国的华人前往那里，最终在那里生活，以当地为家。

中国同东南亚交往的故事分成很多层次。"被土地束缚的中国"

这个用语表明，那些远走海外的中国人如果不是彻头彻尾的"非我族类（un-Chinese）"，可能也被视为与众不同。至于东南亚华人如何对这类陈词滥调感到恼怒，并力图证明这是言过其实，却并为大众所忽视。近代以前的历史，有助于我们了解所发生事件的复杂性。

/ 大陆性思维方式的起源 3

当华夏民族在历史上崛起之际，其中心地带位于黄河流域的北方中原地区。对于这个民族来说，东南亚的海上世界遥不可及。此外，在中华民族的核心群体形成时，需要人们向四面八方迁移。在公元前2000—前1000年，形形色色的部落从北方和西北迁往坐落在黄河湾的宗教政治中心以及黄河下游地区。这个地区代表已知世界财富和文化的顶峰。结果是建立了一个日益强大的政体，此后开始向外扩张。到公元前1000年中期，中原地区思想活跃，治理手段高超，东南方和西南方的农耕民族无法抵御其势力。在进入公元时代之前，帝国势力就已经到达了南方沿海，主宰着从长江三角洲到青藏高原的长江流域。

与此相反的是，中华帝国向北部和西部陆地的扩张却进展有限，那里干燥广阔的草原养育了游牧部落，它们属于庞大的部落联盟。[1]向内地迁移的部落最终被汉化。但是在3000年岁月里，很少有汉人向北或是向西移民。务农或是经商的汉人欣然迁入他们东边和南边的邻居当中，最终填满了旷野和当地人山地中的深 4

谷。只有东海和南海才挡住了这些汉人的推进。在数个世纪中，汉人在沿海一带遇到当地土著，即所谓的百越人，与他们杂处一方，然后征服并同化了其中的绝大部分。[2]同那些出身北部中原，后来迁到南方，同当地人比邻而居的家庭不同，被称为越人的各民族天生适应潮湿的土壤和热带、亚热带气候。他们发展了沿海货运，并沿着很多可以通航的水道泛舟内地。越人渔民沿海岸向南或向北航行，主要是前往山东半岛与今天江苏浙江一带的长江流域之间，以及当今广东的珠江三角洲和越南北部的红河三角洲。他们没有冒险前往更远的地方。

5 与此不同的是，在古代美索不达米亚（Mesopotamia）人和埃及人文明的早期，东地中海近在咫尺。他们的文明激励了其他民族，尤其是腓尼基人（Phoenicians）和各个希腊城邦，这些后起之秀更加依赖海上活动。我们难以想象，如果这个地区的地理和经济环境没有养育出一个欣赏荷马（Homer）笔下的特洛伊人（Trojans）和希腊人的民族，是否西方世界还能有后来的发展。在中国，穷尽所有古代民间传说、文学和历史，也找不到类似于尤利西斯（Ulysses）①那样的人物，也从来没有中国皇帝像尤利乌斯·恺撒（Julius Caesar）②那样，必须漂洋过海来拯救他的帝国。没有必要这样做，因为敌人从来没有出现在海岸对面。

_____

① 奥德修斯（即罗马神话中的尤利西斯）的海上历险是荷马史诗《奥德赛》的主题。——译者

② 尤利乌斯·恺撒是罗马帝国（公元前27年—公元476/1453年）的奠基者，一生中曾多次渡海出征。——译者

同时，东南亚的发展没有吸引中国的注意力。直到公元后的第一个1000年初期，该地区才开始了清晰可辨的国家形成。这里没有贸易都市或是港口为广州和河内（中国控制越南超过1000年之久，直到10世纪中叶）的商人提供商品。所以很自然，有关同中国贸易的最早记载是那些越过印度洋，来自南亚和中东的商人。尤其是自从4世纪之后，当北方的移民家庭向南迁移时，他们适应了潮湿的土地和沿海生活，也对自己随身带来的华夏士大夫文化中的很多变化习以为常。但是士绅的某种关注却在整个历史时期改变了中国东部和南部的发展：士绅依赖的文化中心位于北方，就帝国时期中国文明的性质而言，它是一种"被土地束缚的"大陆性思维方式。对于中国的历代皇帝来说，这种观念构成了农业政权的基本前提。不论定都在北部任何地方，西北的长安，北方中原的洛阳和开封，或是华北的北京，都会有一种极为强大的向心力，将全国各地同北方的历代都城联系在一起。都城的需求以及由此提供的机遇，会使出类拔萃的有识之士与最发达的贸易一起汇聚城中，确实集聚了都城希求的一切财富和资源。但也是由于这一向心力，即使在日本和东南亚的港口和都城变得日益繁荣，吸引中国商人前往时，这种力量仍不觉得需要冒险漂洋过海，也由此阻碍了贸易和外交关系的发展。

　　在古代，中国就有机会发展同东南亚的关系。我们或许应该从关于徐福的记载入手。当秦始皇在位时（公元前246—前209），他被派往东方诸岛（人们认为他到达了日本）去寻找延年益寿的灵药。如今在日本，徐福会积极活动，纪念两国之间最初的往来，这种状况令人惊叹。如果他们的观点正确无误，那么在公元前3世纪后期，就已经有第一批华人在日本定居，他们的后代认同自己的历史，并以此为傲。[3]

后来便是公元后的第一个1000年。从1世纪开始，汉帝国以及后来的朝代通过遥远南方的港口——广州以外地区（现在的广东、广西和海南）和交州（现在的越南北部）——进行海外贸易，建立必要的"附属国"邦交。中文文献显示，同中国通商的王国数目众多，不过除了大陆上的扶南、林邑、真腊（现在的越南和柬埔寨）以及爪哇—苏门答腊岛上的三佛齐国和诃凌，其余都是些小国或港口城市，不足以挑战中国的权威。能够精确证明这些地方确实存在的材料十分稀缺，这本身就解释了为什么当时统一的中华帝国对它们视若无睹。[4]

中国很早就有海船，但其贸易量却不足以建立一个海船工业。朝廷也不认为需要一支帝国船队。数个世纪里，经过东南亚港口往返于印度和西亚的中国商人和朝圣的佛教徒，大多搭乘别国船只。这里有本地的波斯人（Bosi）和昆仑人（Kunlun）的船舶，[5]也有来自印度和波斯国（Persia），以及后来还有阿拉伯人的船只。

中国人肯定掌握修造海船的技术。3世纪，朱应和康泰奉旨远航东南亚，这证明了中国人的技术能力。只是没有人鼓励运用这些技术，于是未能进一步开发。

5—6世纪，官方往来主要发生在笃信佛教的中国君主同东南亚以及南亚的佛教王侯之间，表明此时存在稳定的宗教、贸易和邦交关系，沿海一带的很多中国人参与其中。于是在唐朝，香料和药材大量销往中国，刺激了马来群岛的经济。[6]

在唐朝（618—907），一些官员和宦官被派往国外，为皇帝或是地方长官办差，所到之处包括朝鲜半岛南部的王国和日本；但这里我只讨论前往东南亚的使臣。广为人知且被视为理所当然的是，像广州这类中国口岸的贸易对官员本人尤其有利可图。另一方面，也有私人出国旅行。很多中国佛教僧侣和学者前往印度，有些人一去不返，其中一部分选择在东南亚的宗教圣地安家落户。我有意将其中某些人同当代中国留学生相提并论，他们前往西方寻求真理，不再回国。但是必须指出，古代的人数要比如今少得多，此外，当时的帝国显然对引进技术少有兴趣。[7]

与此相反，罗马帝国和其后的拜占庭帝国，鼎盛时期也是大陆强国，但它们从未像中华帝国的汉朝（公元前206—公元220）和唐朝（618—907）一样稳定不变。因为不论从罗马还是从君士坦丁堡向外望去，同样的中心地带实际上都是令人喜爱的地中海沿岸。欧洲国家总是更重视控制海域，以此平衡对陆地的兴趣。即使罗马帝国倾覆，留下一个军事真空地带，随后阿拉伯地区的穆斯林的扩张跨越了整个南地中海，将真空迅速填补。如果我们将地中海想象成中国北方平原的对应物，那么显然在西方，通商和战争必定基于与中国截然不同的世界观和权力结构。

于是在从公元前20世纪到公元10世纪末的3000年间，中西方两个世界所产生的差异是如此显著，所以我们能够声称，即使当中国人在寻求类似的商业和军事目标时，他们也不可能像西方人那样思考和行动。

11 / 涌向南方和退回北方

那么最后1000年又如何呢？中国同东南亚大陆国家在陆地上征战不断，从13—15世纪，海军数次奉旨跨越中国海域进行远征。为了宣扬皇帝在宇宙中和陆地上的优势地位，中国使臣和官吏一再被派遣出使。但是对一般中国百姓来说，他们冒险出海移居异邦，只是为了做生意。我们不清楚在10世纪之前，到底有多少华人到海外经商。10世纪之后留下的关于出国华商的记载显示，他们一心载货回乡。基于这类对帝国早期的观察，我们可以推断，在10世纪之前，没有中国人心存去国不返的念头。他们不是19世纪和20世纪海外华人的祖先。

10世纪初，唐朝灭亡，此时沿海一带分为五大区域，脱离了中国的权力核心。这些区域自立为国（其中三地进一步自称"帝国"）。它们都占据了格外有利的地势，得以扩展同南中国海诸国的贸易。它们是南唐帝国（虽然在靠近内陆的南京建都，却在争夺长江口的控制权）、吴越王国（建都杭州，主要占据浙江省，但也控制长江口的部分地区）、闽帝国（首都在福州，占据福建省）、南汉帝国（都城在广州，控制今天的广东广西）以及南越王国（建都河内，曾为安南属国，地处越南北部；978年宋朝征服中国南方之后，只有安南保持独立）。

在5个国家的都城中，有4个位于通商港口。每年由通商所获得的收益，大大促进了海外贸易的扩展。除了南越或是越南（Nam Viet 或Vietnam），这些政权的寿命在50~70年之间。[8] 13

由于奋斗精神，或许也因为几分运气，越南彻底摆脱了中国控制，开始了争取独立的漫漫征途，最终成为今天的一个东南亚国家。有些中国商人、官员以及他们的后代早先就定居当地。在王国争取到不稳定的独立之后，另有一些华人选择留下，他们成为越南人。这时的进程可能同近代的发展无关，却提醒我们关注有关移居、定居和同化这类近代才会出现的问题（见第二章）。

关于其他四国，至少有两代之久，朝廷上下专注于延续政权的寿命。他们明白海外贸易的价值，依赖通商获得的收入巩固国防，以便抵御帝国重新统一所造成的持续威胁，这会终结它们的独立地位。与此相反，所有前朝君主们和12世纪之前（即南宋王朝之前）的几乎所有朝中大臣们，都在中国大陆出生 14 成长。

到10世纪末，这四国已完全融入宋帝国（北宋王朝，960—1127）的版图。毫无疑问，10世纪的海外贸易获得了极大的促进。然而在960年之后的20年间，宋朝成功地重新统一了帝国，将朝廷迁回到位于北方中原的都城开封，延缓了海外贸易的发展。对于中国沿海勇于进取的百姓来说，他们无法摆脱陆上帝国的束缚，赢得独立发展，也宣告了此前大好时机的终结。在其后的150年间，帝国的重心是北方边陲的防卫。但是在1127年，开封被女真人建立的金朝（1115—1234）攻陷。女真人来自东北的辽河流域，是一些部分汉化的部落，后来满洲人的祖先。开封陷落后，宋朝皇帝不得已南迁，建都杭州，却开启了一个扩展沿海贸易的新纪元，第一个直接对大海开放的帝国都城杭州出现。这为南方人提供了一个绝好的机会，得以脱离长期以来主宰中国历史的、受土地束缚的帝国思维方式。这一变化刺激了南方沿海那些善于经营的中国人同东南亚（以及朝鲜和日本）通商。虽然贸易不时中断，却一直持续到今天。[9]

在这一时期，宋朝水军不断发展，也证明了航海业的举足轻重。中国具有扩大海外利益的技术能力。但是南宋的历史也清楚表明，并不仅仅是传统的思维方式阻碍南方贸易的扩展。另一大阻力来自陆地强国的地缘政治。对宋朝的真正威胁一直来自北方。为了收复中原，也为了在12世纪时抵御女真人，在13世纪时抵御蒙古人的持续进攻，偏安南方的朝廷需要耗费精力和资源，于是限制了扩展海外贸易的积极性。赵汝适的《诸蕃志》（成书于13世纪初）详细描述了众多番邦异国同中国的商业往来，阅读此书不免使人浮想联翩：如果中国人能把蒙古大军挡在国门之外多一个世纪，又会发生什么呢？[10]对于改变深刻影响历代朝廷的大陆思维方式来说，这样的时间是否足够长久？这是否能够解放受土地束缚的中国裹足不前的脚步？

然而事实仍然是，从事海外贸易的南方人只在150年时间里得到朝廷的鼓励。1276年，南宋都城杭州落入蒙古人手中，元世祖忽必烈统一了整个中国，他将帝国都城又迁回北方，定都北京。在此后的700年中，除了60年之外，北京一直是都城。就像此前一再发生的那样，南方中国人必须放眼北方，再次接受北方的控制。毫无疑问，北方陆地和对大陆的关注主宰了一切。

但并非一切都损失殆尽。在统一的元帝国（1276—1368）统治下，民间海外贸易继续发展。主要是来自中亚、波斯和阿拉伯世界的穆斯林从事外贸，他们更受蒙古人的信任。但是很多汉人加入其中，确实也有不少穆斯林及其他外国商贩定居中国，最终被中国人同化。所以外贸对中国南方的影响仍旧不可小视。汪大渊的个人经历证实了这一点。在他的精彩著作《岛夷志略》中，汪记载了自己8年多的旅行，描述或提到了超过100个港口和城市。[11]汪在书的后记中写道："中国之往复商贩于殊庭异域之中者，如东西州焉。"[12]意思是他们在国外经商，就像在帝国境内的不同省份做生意一样，于是一幅图景呼之欲出，即蒙古和平（Pax Mongoliaca）也延伸到大洋彼岸。在不长的时间段内，蒙古人建立的元朝既是陆上强权，也是海洋帝国。

从12—14世纪（南宋和元朝），经营贸易的商贾不限于汉人，正是他们使中国沿海的航海技术得以延续。海外贸易刺激航运业继续发展，于是在13世纪末，忽必烈首次派水军出海远征，入侵日本和爪哇。在南方沿海，有更多中国人直接参与海外贸易，其中很多人开始逗留于东南亚地中海①一带的港口城市。有证据表明，南宋王朝覆灭之后，一些移居者在这些地方建立了小型社区（communities）。[13]元朝灭亡时，另一些华人在此定居，开始新

---

① 即南中国海。——译者

的生活，其中包括穆斯林华人在内。定居地主要包括占婆（越南中部）、柬埔寨和泰国湾的其他港口，还有爪哇和苏门答腊。由于他们人数不多，没有留下文字记载，我们只能推测，绝大多数定居这些地方的华人，很快就被当地社会完全同化。

尽管存在向外发展的现象，我们还是不能过分强调对海洋的新认知。就中国文明的本质而言，并不存在转向海上的发展趋势，中国人的世界观，并不认同蒙古和平的思想。在宋朝统治期间，由于北方动乱和入侵的压力，士大夫们南迁至沿海诸省，带去更强烈的儒学观念。他们忠实地信守儒学价值观和地位结构，以华夏正统自居，同北方和南方的"蛮族"截然不同。南方人对理学的发展演变做出贡献，从而支持了这种态度，巩固了深深根植于农业社会、被士绅的忠诚进一步强化的关键原则。比如福建人对大哲学家朱熹是自己的同乡，尤其深感自豪。[14]

不论在广东还是福建，或者是在后来迁入山地的客家人中，虽然很多南方世家大族的族谱可能并不真实可信，但它们始终将祖籍追溯到土地束缚的内地，反映出北方中原的思维方式主宰一切，历久不衰。[15]蒙古入侵带来机会，激励中国对世界开放，但是对于这些士大夫和他们的子孙后代来说，这并不是赐福。如果这对中国不算一场灾难，肯定也是有违常理，只要有机会，汉唐文明的汉族传承者便准备予以否定。当力图适应自己作为蒙古人臣民的身份时，他们却怀着比以往更大的决心，重申对原有遗产的认同。

当明朝（1368—1644）建立时，恢复正统价值体系的机会来临。明朝建都中部地区，蒙古人被逐出中原一带，皇帝们后来在沿线修建了著名的明长城。就开拓海外关系而言，这个朝代矛盾重重。开国皇帝朱元璋曾必须击败在东部海域指挥强大水军的强悍对手。由于他后来下令禁止民间同外国商贾做生意，整个沿海地区的人们因此灰心丧气，冲突不绝。于是倭寇海盗闻风而起（主要是日本人和那些因为无法同海外通商，感觉自己生计断绝的华人）。明帝国终止了蒙古人相对宽松的政策，大力重整在过去3个世纪之中已经松懈废弛的藩属体系，并加以制度化。这样一来，朱元璋就重申了昔日的传统，要求南方沿海的国人再度转向内陆，并着眼于北方。自相矛盾的是，当他的儿子朱棣（以永乐皇帝的大名而广为人知）在位时，朝廷数次派遣郑和远航。1405—1433年，郑和屡次远涉印度洋，这是中国海军史上的辉煌一页。[16]

与此相反，在同一时期，非洲-欧亚的地中海世界分裂成伊斯兰教和基督教王国。此外，蒙古人入侵东欧和中东，形成一股新的陆上势力，地中海沿岸诸国对此束手无策。日耳曼和斯拉夫政权日益适应经商和作战的大陆标准，但是欧洲不会被欧亚中心地带的地缘政治吞没。尽管威尼斯、热那亚和其他城邦繁荣昌盛，当地中海被分而治之，地中海沿岸各地的贸易地位逐渐被大西洋取代。海洋再次为下一阶段的政治经济发展提供了动力。葡萄牙、西班牙、不列颠和尼德兰，这些新兴的海上民族为了获取财富，必须到大西洋西部和南部寻找机遇。最后他们向西到达美洲新大陆，向南绕过好望角，进入印度洋。

不列颠是个岛国，依靠海洋为生。海洋为其提供了新的机会，国家的反应能力同样迅速快捷，敢作敢为。然而如果另外三国——西班牙、葡萄牙和尼德兰——在欧洲大陆上占有更大的国土，它们便不必靠海为生。这些国家更像中国的省份，可以一一找到对应：例如将广东、浙江、江苏和山东这类省份比作西班牙和尼德兰，福建同葡萄牙一样缺乏自然资源。既然有航海技术、通商传统和经济需要，在中国南方和沿海省份，应该没有什么能够阻止港口的居民成为东亚世界的海上先驱。但是相比之下，所有这些省份显然都缺少海上活动的积极性。所以必然得出的结论是，由于大陆性思维方式的制约，中国强大的政治文化中心建立的所有机构都产生了向心的拉力，导致了中外的差异。

这种差异最显著的例证是，当1433年郑和最后一次远航归来，朝廷决定停止所有海上远征。船只被封存起来，船长和水手调往他处，最终航海记录也被毁弃，有关这支水军劲旅短暂辉煌的故事几乎被遗忘。沿海居民被迫再度回归土地，当陆上的所得不足以养家糊口，迫使他们必须出海时，却又要面对船只的大小和吃水量严格受限，以及禁止同外国通商。当然这并没有终止所有的贸易。属国使臣仍旧前来觐见，允许民间同朝贡使团做一些生意；虽然存在禁令，仍有材料提到，外国商贾同当地官员和商人相互串通。

在明朝建立后的60年间，朝廷政策削弱了中国自从10世纪以来稳步推进的海上发展势头。但是郑和的远航开创了商业可能性，为中国南方沿海居民留下了展示机遇的遗产，这是朝廷禁令无法阻止的。少数人无所畏惧或铤而走险，他们知道哪里有丰饶的船货，冒着极大的风险，继续买进卖出；在官方朝贡贸易体系的缝隙中活动的私营经济的涓涓细流，似乎也日渐兴旺。直到16世纪，显而易见的是，除非有新的力量产生作用，否则贸易仍会保持较小的规模，经商仍旧危险重重。需要一股力量，一种北京的朝廷无法控制的外部力量，它推动中国人迈开双脚，摆脱养育他们的这片土地。

这是中国向海外发展的间歇期，这一时期的后半段，是16 24世纪前半叶，同欧洲大举进行海上远航的时间正好重合。葡萄牙人来到亚洲，占据了马六甲，在那里遇到华人，得到了他们的协助，设法到达了中国南方的重要港口。关于他们如何引起当地人经商的兴趣，如何公然对抗朝廷官吏，以及朝廷如何设法阻挠他们，已有了深入的研究。当日本陷入旷日持久的内战，葡萄牙人继续前往该地，激发了九州和关西封建领主经商的勃勃野心。这对于明代的朝政，是不祥之兆。当这一充满机遇的新时期来临之际，中国沿海的商人变得躁动不安。葡萄牙人的武装船队唤起中国人和日本人的行动，新的倭寇组织成长壮大，他们对中国沿海地区仍旧实施的贸易禁令置若罔闻。[17]

尤其重要的是，葡萄牙人和西班牙人对在广东和福建饱受挫折的中国商人发起挑战，紧随其后的还有荷兰人以及英国人。这 25些华商的前辈在宋朝和元朝时，积极参与东南亚和印度洋贸易。他们明白，如果不是后来的明帝国取缔他们的经营活动，商人们本可以大有作为。很多人转而将精力和才干用于建设自己所在的稳定的农业村社，而另一些人，包括那些不太被土地束缚、也没有受到正统理学观念太多影响的亲友们，并不认为在农业美德和积极对外贸易之间存在矛盾。确实，自从12世纪以来，在帝国各地出现了一种更有利于开展商贸的发展趋向：由于商人的经营活动对帝国具有经济价值，缓和了官员们传统上对商人的偏见。虽然14世纪之后，明朝皇帝坚持认为，这一新的趋势并不适用于同国外的民间贸易，但还是在态度上发生了重要变化，一些士绅家族准备对这一变化加以利用。

咄咄逼人、组织有序的欧洲贸易公司来到中国，他们或多或少都得到本国政府的支持，更凸显出这种变化。一些喜爱冒险、同地方豪门世家颇有渊源的中国人和日本人对此作出了热情回应，进一步加剧了这种变化。这也为解禁民间对外贸易的新一轮冲击准备了条件。到16世纪中期，那些执行贸易禁令的官员们发现，原有的秩序已经失效。倭寇威胁长江三角洲，并进逼南方的福建广东。防御体系完全不堪一击，沿海地区动乱迭起。

通过大举军事反攻，再加上放松贸易禁运，两手政策最终带来相对的和平。在官方记录这两手政策的字里行间，可以看出朝廷迟迟不愿承认明代海禁主义政策的失败。对军事征战按时间先后详加记载，对众多保卫沿海的壮举大加褒奖。虽然放宽贸易禁令，允许同渡海前来的洋人通商同样重要，对这一点却很少提及。那些忠实贯彻海禁政策的官员们受到谴责，因为他们引起了沿海动乱。但是官方政策并未发生变化，对新近叩响中国大门的重要力量也没有做出正确评价。只是为了使沿海地区恢复和平，做了一些必要的小修小补。广东省各级衙门非正式地、几乎可以说是偷偷摸摸地对葡萄牙人开放澳门，作为其贸易基地，便是朝廷未能对局势重新评估的明证。当葡萄牙人在1999年离开澳门时，他们同中国人已经往来了450年左右，不过这种交往疏离而且肤浅。

放松海禁对南方的百姓造成了重要影响。虽然倭寇海匪、走私团伙和不法商人已被制服，但这些人组建武装商船队，在东南亚经商的手段却并未消失。恰恰相反，这成为郑氏家族祖孙三代（郑芝龙、郑成功和郑经）沿海势力的根基，使他们在17世纪称雄福建和台湾岛。郑家势力主要依靠同东南亚王国和港口通商，他们常常同欧洲的武装海船，尤其是荷兰和西班牙船队直接较量。在东南亚重要的历史时期，郑氏船队在商业经营和海上优势两方面，都展示了巨大的潜力。当能量得以释放，沿海省份被遏制的需求便喷薄而出。欧洲人对这一时期的记载显示，中国商人是如何充满干劲，并指出当满人在1644年入主中原时，如果没有纠缠于陆上政治，中国商人会对西方贸易造成何等的威胁。

在近现代之前，也就是从17世纪20年代到1644年明朝覆灭，这20多年时间正是中国人在东南亚自由贸易业活动的顶峰。有三个条件至关重要，它们使中国百姓——主要是福建南部居民和客家人——取得了巨大的成功。

第一个条件是中央政府被大大削弱，于是允许沿海省份对外通商。自16世纪末起，内忧外患持续不断地威胁着明廷：西南地区的起义，丰臣秀吉入侵朝鲜半岛，满人占据辽东领土，最后一

击来自李自成和张献忠领导的农民起义。朝廷是如此虚弱不堪，这一时期在马尼拉和巴达维亚（即今天的雅加达）发生了一系列

29 屠杀华人事件，朝廷至多也只是提出微弱的抗议。显而易见，不论华人在东南亚是如何成功，朝廷也漠不关心。王朝覆灭的危险强化了根深蒂固的大陆性思维方式。

第二个条件是，随着德川幕府的政策变化，日本减少了在东南亚的活动，于是中国在亚洲便没有了敌手。早期最为成功的海商是印度人、波斯人和阿拉伯人，但是到了16世纪，欧洲人的海军力量使他们退居一隅。东南亚当地的贸易船队不是葡萄牙、西班牙和荷兰人炮舰的对手。16世纪下半叶，当中国的商业势力再度崛起时，只有日本人能够与之通商，或与之争锋。由于姗姗来迟的"锁国"政策，日本人退居国内。而中国的海上贸易相对来说却十分自由，且因为没有亚洲商人的竞争而迎来了繁荣。

第三个条件是荷兰人同西班牙人的激烈争斗，给中国私掠船

30 可乘之机。当西班牙王室派遣葡萄牙船队前来，荷兰人为建立自己的贸易网络，不得不四处出击。他们以巴达维亚为基地，同澳门和马尼拉相比，他们在东亚贸易中处于劣势。但由于占据了台湾，以及在日本的平户和长崎的成功，荷兰人才有资格同西班牙人较量。在东南亚经商的华人商贾们协助双方囤积当地物品，供欧洲人跨越重洋运回西方出售，因而从中渔利。只要不构成直接威胁，对于欧洲贸易在当地的扩展，这些华人价值无量。在今后的几个世纪中，这一因素将变得更加重要。

当我们思考这个地区的后续发展时，这三个条件的特征似乎

会重现。我在第三章还会对此加以讨论。

但是，回头再来看看中国人对海上活动的渴望，以及由地缘政治和土地束缚传统所产生的无法回避的合力。1644年，清王朝取代了明朝，作为陆地征服者，他们不仅恢复了海禁，而且比前朝更为变本加厉。如此而为的理由不难理解。满人是入侵者，在帝国各地，充满敌意的汉人远比他们人数众多。所以他们不能允许任何反抗，即使反抗来自边缘海疆。当郑成功（以国姓爷而广为人知）以反清复明为名，以台湾岛为基地，率领灵活机动的海上武装，袭击边缘海域时，势必招来严酷镇压。为了使前朝忠臣得不到当地支持，颁布了残忍的禁海令，将福建和广东的所有沿海居民内迁30~50里。这是回归土地束缚中国的第一步。

1683年，当台湾郑氏的军队投降后，其他因素也使朝廷重申大陆思维方式。欧亚大陆的地缘政治迫使清朝君主放眼北方和西方。满人来自北方，所以优先关注陆上事务。他们出征南方，主要是为了制服那些不服统治的民众。此外，由于感觉自己在文化上的落后，满人便在其统治理念上，力图表现得比汉人更像汉人，他们强化了自己所知的唯一一套经过充分验证的哲学思想——朱熹的理学。恰巧这也是当时对儒学思想最为正统的重新表述。理学对人求全责备，告诫所有人不要远离故土，要固守家园，对长辈尽孝，在以经商为业的人面前自视甚高。[18]清朝皇帝们决心成功坚守这些强硬的原则，在其后的两个世纪中，将对中国产生致命的影响。当欧洲人大举威胁中国海疆时，清廷还坚定不移地奉行这些信条。

一个强大而又时刻充满警惕的新朝代取代虚弱不堪的明朝，这对东南亚的华人又意味着什么呢？1644年明朝覆灭后，前朝忠臣兴起复国大业，1949年后国民党支持者溃逃、离开祖国大陆。虽然政治立场和意识形态相去甚远，然而就人们向沿海、岛屿、台湾，然后向海外涌去这一点而言，二者却十分相似。在早年间，前朝遗民们主要前往越南、东南亚其他地区以及日本，但没有像1949年之后走得那样远。17世纪时，这些人中受过高等教育的不多，他们并不自认为这是向外移民。尽管过程十分短暂，他们毕竟为东南亚华人增加了一种不同于经商的新形态，一种海外华人的身份认同（identity），即暂时离开家乡在国外居住的寓居者。

　　1644年，这类旅居者有很多已经住在国外，他们或是追随郑成功的军队和其他武装团伙，或是自发前往东南亚经商和务工。荷兰人和西班牙人的著述证明，在他们的领地上，尤其在吕宋和爪哇，住着许多华人。综合其他史料，这类记载表明，还有很多华人散居在东南亚大陆上，在越南人和暹罗人建立的帝国中，在马来群岛上当地人的王国和侯国中，尤其是在马六甲，也就是摩鹿加群岛、望加锡、巴厘岛和西婆罗洲这类外围岛屿上。华人也住在所有主要国家周边的港口，例如马来半岛的大泥，当时仍属于柬埔寨边境领土的湄公河三角洲以及河仙港。[①] 对于大多数华人来说，回归故土的希望极其渺茫。但还存在一个例证：越南中

---

① 湄公河三角洲和河仙港在18世纪并入越南版图。——译者

部有一个海外华人村社，这是当地建立的第一个明香社，在那里忠于明朝的香火代代不熄。这一例证暗示，整个村社都将保持忠诚，等待机会来临，在清朝被推翻后回归故国。然而更常见的是一小群华人过着移居者的生活，他们在港口城市中力图自成一体。大多数同当地妇女结婚成家，但是很多人为儿孙辈安排婚事时，都让他们与本社区成员结姻，以便尽可能长久地保持华人的身份认同。不时有新来的男性移民，迎娶本地华人的女儿，少数几个当地儿子设法回到在中国的故乡，在那里成立新的家庭。至于他们如何成就所有这些，以及他们的经历所展示的，华人此后采取的种种策略，我将在第二章进行考察。

因此，在1000多年里，与中国人从北方中原涌向海洋的同时，移民们成功地将受土地束缚的大陆价值观移植到整个沿海地区。南方土著民族学习接受这种正确且优越的世界观，并以此修正自己的文化和习俗。此外，帝国要求利用包括人力在内的所有资源，以确保中心地带安全无虞。因此，既定国策是限制所有对帝国并非必要的面向海洋的发展。对于那些承认帝国财富和权威的番邦异国，朝廷接纳他们的贡物，也欢迎运来中国所需货物的外国商贾，但这就够了。帝国的子民大可不必去寻找蛮夷，使国家面临任何危险。

因此对于东南亚，在中国沿海流行一种片面的、总体而言十分消极的看法。那里没有国家构成威胁，没有足够富饶的当地经济刺激大规模贸易，可能除了18世纪以来的泰国稻米，也不存在对中国必不可少的资源。此外，除了从印度传入的佛教，而且也只是在第一个1000年的四个世纪中，东南亚文化并不足以吸引中国人的注意。因此得出的结论是，没有理由修正这个受土地束缚的社会基本原则，这个社会所依赖的，是维持一种行之有效的大陆性策略。基于这种现实，为了整个帝国的利益，广东、福建和浙江的沿海居民只好约束自己的进取心和冒险精神。令人吃惊的是，确实有不少人置海禁于不顾，冒险出洋，但是如果中国朝廷像西方政府维护本国贸易公司那样支持中国百姓，出海的人数肯定会多得多。

与同样在海上自由远航、经商创业的欧洲人相比，二者的差异一目了然。只需要指出，当西方人在16世纪20年代来到中国海域时，他们是舞台上的新角色，提供了变化的动力。虽然在300年之久的时间里，人们却并不明白他们在对中国做些什么。但正是这些人开始了一项进程，其结果是中国人最终扭头告别大陆，放眼海洋。

注释

1   Owen Lattimore的精彩研究：*Inner Asian Frontiers of China*（New York: American Geographical Society, 1940; 2nd ed., 1951; 1988年新版由Alastair Lamb作序），对这个主题做了透彻的探讨。

2   中国南方和西南的民族、部落及部落组织被统称为"越"。在公元前3世纪，秦统一中国之前，有些处于国家形成阶段。近年来借助考古发现，对这些民族进行了研究。在数千年中，绝大多数发源于中国东南部的族群，被来自北方的汉人同化。在能够精确识别这些民族之前，大多数学者使用传统名称"百越"来称呼他们。他们比较知名的后代大多生活在西南部。其中至今仍然与汉族不同的民族是瑶、苗、彝、壮、黎、傣和越南人。见尤中：《中国西南民族史》（昆明：云南人民出版社，1985）；朱俊明编：《百越史研究》（贵阳：贵州人民出版社，1987）。

3　在司马迁于公元前1世纪初成书的《史记》中，最早提到徐福，他是个占星方士，受秦始皇（公元前246—前209年）派遣，坐船向东航行，去寻找长寿草药。数个世纪之后，人们推测他和数千随行的青年男女在日本定居。在20世纪，很多人认为徐福在九州岛佐贺县附近建立了一个华人社区，这一观点引起争论。在日本，最热情的支持者是中田健（Nakata Ken）。在中国香港、台湾和大陆，也引来了诸多学者讨论，其中主要有卫挺生在1951—1952年出版的《徐福入日本建国考》，中田支持卫的看法（见《徐福与日本》，香港：新时代出版社，1953）。对这一争论更为近期的总结见于锦鸿：《徐福东渡之谜新探》（南京：江苏人民出版社，1990）。

4　对10世纪以前的叙述引自我的研究，*The Nanhai Trade: The Early History of Chinese Trade in the South China Sea*，New ed.（Singapore: Times Academic Press，1998）。此书最初完成于1954年，发表在 *Journal of the Malayan Branch of the Royal Asiatic Society*，31，pt. 2（1958）：1-135。

5　现有研究表明，这些术语主要用在早期阶段，专指同东南亚地区有关的事物和人物。波斯（Bosi）这个词引起很多含混不明，尤其是在后来的中文文献中，将东南亚资料同有关波斯人（Persians）的材料混为一谈。对于如何识别波斯人和昆仑人的论争，已经延续了一个多世纪。对于争论的最好总结可以在以下著作中找到：O. W. Wolters：*Early Indonesian Commerce: A Study of the Origins of Srivijaya*（Ithaca，N.Y.: Cornell University Press，1967），pp. 129-158.

6　在Oliver Wolters的著作中很好地记录了这些。见Oliver Wolters：*Early Indonesian Commerce*。

7　应该附加说明，我初次见到赖世和教授的学术成果，是他关于圆仁和尚的两本书，圆仁在9世纪时从日本来到中国。赖世和使我认识到早期中日关系的性质，有助于我比较中国和东南亚的关系。见Edwin O. Reischauer：*Ennin's Diary: The Record of a Pilgrimage to China in*

Search of the Law 和*Ennin's Travels in Tang China*（New Work: Ronald Press，1955）。

8　结合对唐朝如何看待外部世界的广博研究，薛爱华考察了其中两个帝国。这些研究非常精彩，因为比起大部分唐朝研究来说，它们更为充分地解释了中国早期对海上世界的开放。其他研究一如既往地更重视中国同中亚和西亚陆地国家的关系。见Edward H. Schafer（薛爱华）："The History of the Empire of Southern Han According to Chapter 65 of the Wu Tai Shih of Ouyang Hsiu," in *Silver Jubilee Volume of the Jimbun Kagaku Kenkyuso*（Kyoto: Kyoto University，1954）；*The Empire of Min*（Tokyo: Kodansha，1959）；吴玉贵译：《唐代的外来文明》（西安：陕西师范大学出版社，2005）；和程章灿，叶蕾蕾译：《朱雀：唐代的南方意象》（北京：生活·读书·新知三联书店，2015）。

9　以下研究解释了宋代海外贸易的规模，见Paul Wheatley："Geographical Notes on Some Commodities Involved in Sung Maritime Trade," *Journal of the Malayan Branch of the Royal Asiatic Society*，32，pt. 2（1959）：1-140。

10　赵汝适著，夏德（F. Hirth）、柔克义（W. W. Rockhill）译注：《赵汝适<诸蕃志>译注》（海外丝绸之路精要外文文献汇刊，第5卷，第8册，厦门：厦门大学出版社，2017）。

11　柔克义（W. W. Rockhill）将汪大渊大部分的著作翻译成英文，见汪大渊著，柔克义（W. W. Rockhill）译注，《〈岛夷志略〉：14世纪中国与东南亚群岛和印度洋沿海地区的关系与贸易》（海外丝绸之路精要外文文献汇刊，第5卷，第8册，厦门：厦门大学出版社，2017）。

12　《岛夷志略校释》后序，（北京：中华书局，1981），385页。

13　周达观：《真腊风土记校注》，夏鼐注释（北京：中华书局，1981）。书中一条特别的参考资料指出，华人在元代就开始到柬埔寨定居，（180~181页）。到元代末期，更多华人来到更南面的马来群岛定居，对郑和远航的记载证实了这一点；见马欢著，J. V. G. Mills译，《瀛涯胜览》（海外丝绸之路精要外文文献汇刊，第6卷，第9册，厦门：厦门大学出版社，2017）。亦见伯希和（Paul Pelliot）译注，"Mémoires sur les coutumes du Cambodge de Tcheou Ta-Kouan，version nouvelle suivie d'un commentaire inachevé," vol. 3（Paris: Librairie d'Amérique et d'Orient，Adrien-Maisoneuve，1951）；以及历史地理学家陈正祥对这本书的研究，《真腊风土记研究》（香港：香港中文大学出版社，1975）。

14　朱熹（1130—1200）的理学"主宰中国达700年之久"，他出生在福建，在那里居住的时间超过65年；他对中国文化的深入影响源远流长，忠心耿耿的弟子代代相传，有很多来自福建南部；见Wing-tsit Chan，*Chu Hsi: Life and Thought*（Hong Kong: Chinese University Press，1987）；高令印和陈其芳《福建朱子学》（福州：福建人民出版社，1986）。这一代代弟子和在东南亚被称为福建佬的那些同乡的强悍形象，形成鲜明的对照。福建佬勇于冒险、以航海为业，善于经营。

15　大多数福建和广东的世族，尤其是那些将祖先追溯到唐宋年间的大家族，对本族起源于河南以及北方中原的其他省份深感自豪。当地的方志也倾向于强调同北方中原的血缘和文化联系。

16　有关东南亚地区，很多当时的中文资料可能提到华人商贾和定居者；见王赓武有关这一时期的诸篇论文，收入Wang Gungwu（王赓武）: *Community and Nation: Essays on Southeast Asia and the Chinese*，selected by Anthony Reid（Singapore and Sydney: Heinemann Educational Books [Asia] and George Allen & Unwin Australia，1981），pp. 58-107。更近期的研究见Chang Pin-tsun: "The First Chinese Diaspora in Southeast Asia in the Fifteenth Century," in *Emporia*，*Commodities*，*and Entrepreneurs in Asian Maritime Trade*，*c. 1400-1750*，ed. Roderich Ptak and Dietmar Rother-mund（Stuttgart: Franz Steiner Verlag，1991），pp. 13-38；和Anthony Reid: "Flows and Seepages in the Long-Term Chinese Interaction with the Southeast Asia," in *Sojourners and Settlers: Histories of Southeast Asia and the Chinese*，ed. Anthony Reid（Sydney: Allen & Unwin，1996），pp. 15-49。最完整的记载见Geoffrey Philip Wade于1994年在香港大学提交的博士论文"The Ming Shi-lu（Veritable Records of the Ming Dynasty）as a Source for Southeast Asian History—4th to 17th Centuries," 8 vols.，with index in vol. VIII，在论文中他翻译了《明实录》中所有有

关东南亚的叙述。

17 　有关倭寇主要是日本海盗还是中国海盗的争论众说纷纭，不过确定无疑的是，在浙江、福建和广东沿海一带最猖獗的倭寇中，包括了当地的武装商贩。见So Kwan-wai: *Japanese Piracy in Ming China during the Sixteenth Century*（East Lansing: Michigan State University Press，1975）。在很多新近的中文研究中，最透彻全面的一本是林仁川的《明末清初私人海上贸易》（上海：华东师范大学出版社，1987）。

18 　这是主流看法。余英时指出，明清学者们曾作出很大努力，质疑这一偏见；见余英时：《中国近世宗教伦理与商人精神》（台北：联经出版事业公司，1987）；和Yu, Ying-shih（余英时）: "Business Culture and Chinese Traditions—Toward a Study of the Evolution of Merchant Culture in Chinese History," in *Dynamic Hong Kong: Business and Culture*, ed. Wang Gungwu（王赓武）and Wong Siu-lun（Hong Kong: Centre of Asian Studies, University of Hong Kong, 1997）, pp. 1-84。

第02章

/ 华人移居的方式

在过去半个世纪中，关于中国海外移民的性质，人们一直争论不休。主要的争执点在于，离开祖国之后，华人是否同其他移民类似，或者与众不同。两者间的差异是，华人似乎更难被他们定居的国家所同化。论争涉及有趣的社会文化因素，但关注焦点却在于，现代民族国家中，不被同化的移民所导致的政治后果。在政治层面，问题变得如此情绪化和充满争议，因此，关于一般移民以及特定的华人移民，理所当然不存在被广泛接受的结论。不过有一点确切无疑。不论是否被同化，海外华人确实发生了变化。他们不同程度上对当地产生了适应性，也由此表明，"生为中国人，永世中国人"的观念并不完全准确。独一无二的历史文化，以及重大事件对华人的影响，是本章讨论的主题。

39

我们很难界定同化这个概念。虽然在理论上可以研究任何一个移民群体，计算其中那些与显然未被同化者截然不同、被观察者们认为被同化的个人，当群体作为社区行动时，这种方法对探究群体的社会动力毫无作用，它也没有将指导社区行动的历史传统考虑在内。为了解决这一争论，我们还需要进行很多研究。但是，如果同化这一问题继续被政治化，得出结论的希望似乎微乎其微。研究前景似乎不足为虑。这一争论所具有的价值，是使我们更关注长时段研究，迫使参与争论的主要角色回归历史资料。

　　同我的主题更相关的是"移居"（migration）和"移民"（migrants）这两个词的定义。在近现代，它们使人最先想到两个概念，一是工业革命开始后的大规模劳工招聘，二是各国政府对移民的要求和控制。在民族国家兴起之前，第一个概念同定居以及最终被同化相关。但是自从政府严格实施合同制，可以在合同期满之后，将工人送回本国以来，劳工移民不再涉及同化问题。

　　但是第二个概念与同化有关。在为移民政策制定标准时，民族国家愈发清楚，具备政治敏锐性的做法，是接受那些他们认为适宜的移民。19世纪以来，在诸如美国、澳大利亚和加拿大等国，更近一些在西欧、拉丁美洲、日本以及绝大多数亚洲新成立的民族国家中，审核移民政策的表格连篇累牍，表明这些国家的移民标准经历了变化。对于政策制定者来说，潜在移民是否能被同化往往是最重要的问题。对移民条件界定得越清楚，华人移民就越难以面对自己的移居传统，因为当地人认为移居不利于同化。当各类现代移民模式遍及全球，更好理解华人移居者的方式就变得更为重要。[1]

在东亚的4种主要语言中，存在移居的概念，即中文、朝鲜文、日文和越南文。这个词的意思是，暂住在一个新的居住地（有意返国）。移居一词起源于中国，可以说伴随着华人移民的经历发展演变。华人用一套规范来解释和理解移居的含义，它们基于从国内环境中推导出的原则。当我们在近现代语境下以之检验向外移民的现象，描述海外华人的所作所为时，这些规范同现代民族国家的"移民"的概念全然不同。这不仅是个术语问题。在历史上，中国人对向内移民（immigration）和向外移民（emigration）这类观念漠不关心。贯穿历史始终的是，总有外国人暂住中国。如果他们住得够久，定居下来，其本人和社区最终便会汉化。早年间，为数不多的华人移居者也理应如此，但是在近现代之前，实际上却寥寥无几，所以几乎没有人注意到这个现象。

一直到19世纪末，中国政府甚至否认存在任何向外移民。在那之后清廷注意到，从10世纪以来，就有数量不多、各不相同的人离开中国，从16世纪后期开始，人数已经在增加，到19世纪，远走他乡者汇聚成名副其实的人潮，因此政府必须考虑如何解释这现象，并着手应对。由于诸多限制，妇女儿童流动不易，移民绝大多数是男人。直到那时，用来形容这些男人的用语，大多强调他们是流浪汉、逃犯和强盗，或者说他们不过是移居者、客居人、访客，只是暂居异邦。因此官方文献对他们少有记载。无论如何，从15世纪70年代到1893年，针对离开本国的中国人，帝国

42

法律的惩戒条款一目了然。如果官府没有批准他们离境的理由，当他们返国时会被当成罪犯，受到处罚。

在19世纪末，清廷终于意识到，居住国外并非叛国，也不是犯罪。那些在异国他乡功成名就的华人，实际上是帝国的财富。清朝官员们喜欢强调海外华人的财富和专业技能，作为改变政策的理由。但是在争论的同时，他们并没有否定正统儒学对移民海外的看法。这种看法适用于第一章中所讨论的，在漫长的历史时期，对数个世纪的移民做出的评价：在宋朝（10世纪以来）之后，渡过南中国海前往海外港口的华人，不应该去国不返。如果他们是孝顺恋家的好子孙，就会心心念念盘算返回故国。因此即使他们身在异国，却仍旧是华人。如果他们终身寓居他国，在当地结婚成家，去世时也未能落叶归根，绝大多数也会尽量设法确保子孙后代仍旧认为自己是华人。

这种规范化的说法，显然代表一种来自上层的表述，基于士绅的观点，描述理想的模式。在当时，存在着足够的证据，表明这种模式并不总是贴切，且常常言过其实。在华人自己的叙述中，便提到个人与其他华人隔绝的案例，他们全部是男性，因为没有家庭相伴，也没有社区支持，便被当地人同化。其他材料则记载说，有很多人获得了财富和权力，实现了出人头地。这往往意味着他们娶当地女性为妻，有意识地背弃华人传统，完全认同他们选择定居的港口城市或是王国的利益。他们背离了中国好臣民应有的生活，这并不让人惊讶，但是在他们国内父老的眼中，却仍然令人遗憾。

中国在19世纪60年代加入了"国际大家庭"后，清朝官员开始讨论，是时候关注被征募的苦力了，他们在遥远地方的恶劣环境下做工；同时也是时候对生活在外国统治下的华人命运表示关心了。尤其当朝廷发现，主要在爪哇和马来群岛的其他地区，明确存在的华人社区，已经延续了超过两个世纪之久。官员们意识到，应该对这些英勇的社区给予官方认可。通过同欧洲列强签订的条约，那些位高权重的朝臣们已经了解到，欧洲人是如何重视保护自己的海外侨民。在准备设立领事馆这类代表帝国的驻外机构时，官员们建议，在中国的事务规划中，应给予海外华人值得尊敬的地位。在19世纪80年代，越来越多的官员理直气壮地阐明了这一点，1893年禁止出国的律令最终废止了。[2]所有人都明白，自从18世纪以来，禁令是如何形同虚设，如何被屡屡修正并重新解释，在19世纪的两次中英战争之后，假装将禁令仍旧视作律法是如何自欺欺人，要在南方沿海的国人中实施这些禁令，是如何不现实。

当然，终止海禁主要是取消了一个已不再存在的象征物。但是却没有改变支持海禁法的观念，没有对海外华人进行重新诠释，将他们视为现代移民，而非长期以来的寓居者。相反地，民众庆祝解除禁令，呼吁承认海外华人在过去和现在所作的贡献，提高他们在官方眼中的地位，鼓励他们不仅认同自己在沿海省份的故乡，更进一步认同中国和中华文明。为表达类似诉求，需要为这些人提供一个普遍性的称谓。一方面，用于取代以前那些使用了数个世纪之久、不太恭敬的名称。另一方面，也可以在这些人中激发出一种统一的身份认同意识，他们一直用自己的故乡省份或是县来区分彼此，或是被称为华商、华工和苦力。这类称谓也是一种赞许，表达中国文化希望良民所具有的精神。

于是逐渐形成了对这些中国人的新称谓——华侨，即华人移居者。[3]"侨"（暂时居住）这个概念词源古老高贵。4—6世纪，在中国历史上称为南北朝，或是大分裂时期，用"侨"这个字对那些来自北方的士绅家族给予官方承认。由于外敌入侵，这些家族被迫跟随晋朝南迁，他们背井离乡，迁到南京和长江以南其他地方。此后这个词仍旧高雅，在辞赋中用于反映官绅文人们常常需要背井离乡，不定期地远走他地这一事实。这个词从来不被用来描述寻常的离家缘由，比如养家糊口、经商、发财或是为了寻找更好的居住地而移居他乡。与此相反，它具有一种意味，指去做必须做的事情，履行一种责任，强调高贵而有尊严的行为，利人亦利己。

正如在第一章中所概括的，这类情绪产生于一个被土地束缚的农业社会。就这个社会可以接受的用词来说，使用像移民（被迁移的人）、流民（四处流窜的人）或是难民（逃难的人），以及其他词汇来表述历史上的移民群。它们遵循既定的模式，其中包括：

1. 官府将百姓迁徙到边境地区去戍边，将年景不好地区的百姓迁到丰衣足食，或是迁到有荒地可供开垦的地区。

2. 战争、洪水、饥荒或其他自然灾害导致的难民流动。

3. 因为一系列原因，包括起义者、罪犯和其他违法的逃犯，人们背井离乡迁往他处。

不包括在上述模式中的流动有：被派往他地任职的官员、离家求学的学生、为寻找市场而到外乡运货的商人。他们仅仅是逗留别处，一心返回故里。

在公元后的第一个1000年中，上述三个常见的迁徙模式并没有导致中国百姓移民海外。对这三种模式，中国境内有足够的地方可以容纳：移民们填满人烟稀少的地区、高地和沿海的三角洲沼泽地区。被派遣出使异邦的官员人数不多，他们和前往印度圣地学习佛教的学生，一般都会在完成使命之后回到中国。同样，到海外经商的商贾定期往返（在东南亚地区，可能按照季风期，每年往返一次），在国外的停留时间，基本不会超过贩货所需时间。我们对他们的数目可以忽略不计。在这个时期，没有任何事情，足以挑战使所有百姓不离故土的农耕社会核心价值观。

49

确实，只有当灾难降临到帝国制度之后，才开始促成中国百姓渡过南海，即使实际上没有放弃回乡的希望，也只能长期逗留海外。直到13世纪末，当蒙古人推翻了南宋之后，才有大量材料提到海外的华人社区。这是异族首次征服整个中国，很多难民，包括反叛者和宋代忠臣，以及某些类型的贩夫商贾，离开了中国沿海地区，到东南亚安家落户。至少我们观察到三批人。一批来到安南（现在的越南北部），另一批到占婆（现在的越南中部），还有一批到真腊（柬埔寨）。1个世纪之后，当蒙古人建立的元朝于1368年覆灭，另有一些商人和水手离开中国，主要前往爪哇和苏门答腊。对于第二批人来说，他们离开的部分原因是明朝开国皇帝禁止民间与外国通商。有些海外移居者娶了土著妇女,养育了家庭,在不同的港口建立小型社区。但由于海禁,移民人数无法增加。结果是大多数人被同化。当欧洲人在16世纪初首次来到这个地区时,华人团体活动的踪迹鲜为人知。个别的移居者已经消失不见,于是强调了移居的一个基本原则,即移居有赖于定期同母国的联络,或者至少是常常接触到来自家乡的事物。如果移居者根本见不到返回家园的希望,则移居意识便会湮灭无踪。

由于扩大的对外贸易活动,移居这一现象才得以延续。更多的东南亚、日本和欧洲商人来到中国海岸。1567年之后,明朝政府放宽了对民间与外国通商活动的禁令。到17世纪,在东南亚的每个主要口岸,都建起了小型的移居社区。当清朝征服了中国南方之后,很多仍旧效忠明朝的臣民被迫来到东南亚,使当地的华人大增。尤其在1683年,郑成功(国姓爷)在台湾建立的政权覆灭,他的部下流亡海外。此后,移居者们建立的、与众不同的华人社区是否实力雄厚,取决于东南亚当地政权。如果这些外来华人对东道国很有用,尤其是可以为对华贸易效劳,他们便可享有特权,甚至拥有贸易垄断权。但如果他们被视为潜在威胁,尤其是像西班牙和荷兰这类欧洲列强感觉寡不敌众、忐忑不安时,便会惨遭屠杀,或是被逐出境。海外华人完全孤立无助,不能向母国的朝廷求援。

清朝官员们用了很长时间,才意识到海外华人的成就。即使当西方称霸这片海域的报告不断传到朝廷,也没有动摇被土地束缚的思维方式,仍旧否认海外华人的合法性。在整个18世纪,福建和广东省的官员们记载了省内不同方言群体（福建话、潮州话、广东话、客家话和海南话）从事的一系列活动。这个时期撰写的一些著作也提到这些百姓的作为，其中包括17世纪的重要著作，即张燮所著《东西洋考》，[4]以及陈伦炯在18世纪所著、材料同样丰富的《海国闻见录》。[5]其他还有王大海著《海岛逸志》[6]和谢清高著《海录》。[7]谢清高在18世纪末游历海外，但是到19世纪初才将见闻付诸文字。这些著作表明，越来越多的华人涉足东南亚贸易，这些人往往同当地官府或是欧洲贸易公司合作，仰仗他们的支持庇护。类似叙事证明了很多移居华人社区的重要性，它们位于会安（Faifo，今天的HoiAn，越南中部）和泰国大城府（Ayutthaya）后来也在曼谷、大泥以及马来半岛的地峡，西属菲律宾的马尼拉和其他岛上出现。在巴达维亚、马六甲和马来群岛上荷兰人控制的地区也有。但是直到19世纪下半叶，当中华帝国遭到欧洲列强的数次致命打击之后，才为这些海外华人以及他们的不幸和成就发明了一个名称。

传统上的移居成为同中国通商的条件，由于东南亚各国政权的支持而延续下来。但这也是一种思想状态，一种不完整的论断，即认为移居者最终认同中国。尽管这一发展姗姗来迟，却终于被承认移居有利于国家，是对中国的另一类忠诚。官方的认可在移居者中大受欢迎，很久以来他们的移居生活无人听闻，甚至没有名称用以描述。之所以对移居现象予以明确承认，原因在于对民族意识的挑战，需要呼吁一种新的爱国主义来帮助积贫积弱的中国奋起自卫，抵制咄咄逼人的西方。所以创造了华侨这个词，用来描述移居的经历。这个词并没有创造移居的事实，不过是用一个文雅高尚的词汇来形容这种现象，便使逗留他乡有了明确的方向和新的目的性，使移居变成20世纪的一种强大的政治力量。

移居这一客观事实，可以代表中国人进行实验性移民的一种方法。对移居的主观信奉，却正描绘出中国人对故土魂牵梦绕的程度。官方对移居的认可如何影响海外华人的实际生活？通过对1900年之前和之后的移居生活，以及对旧日移居和新式移居加以比较，可揭示出二者间的重要区别，这至今仍很重要。

/ 1900年之前

我已经对17—18世纪旧式移居传统的早期形式加以评析。研究指出，在那些成功应付土著贵族的少数华人中，异族通婚和同化现象屡见不鲜，散居在土著中的个别华人欣然经历着这些变化。但是在欧洲人到达之后，应对方式却各不相同。例如，在欧洲人统治的菲律宾和爪哇，两地政策明显不同。在西属菲律宾，西班牙人主张通过皈依天主教进行同化，确保所有嫁给中国男人的土著女人不背弃天主教，养育混血的（mestizo）天主教家庭。到18世纪中叶，西班牙人严格控制新进入自己领地的华人人数，在华人中只信任那些被同化的混血儿，并且只同他们共事。荷兰人在18世纪将控制区域扩展到爪哇岛北岸，并且与西班牙人相反，他们宁愿对中国人分而治之，将华人同土著以及欧洲人隔绝开来。当他们在17世纪初到达巴达维亚时，就实行种族隔离政策。虽然提出的理由是使不同的种族和族群保留自己的生活方式，但肯定存在政治经济利益，想要利用华人促进对华贸易，并防止华人同当地贵族携手，反对荷兰人统治。不同政策导致不同的结果：到18世纪，菲律宾的混血华人完全认同在政治上开始得到承认的菲律宾；而在巴达维亚和其他爪哇城市，本地出生的"帕拉纳坎"（peranakan）则可以自由巩固自己显而易见的华人社区。这类社区保留了移居者的特性，日后最终获得中国的正式认可。[8]

不过对于大部分人来说，存在三种移居形式。在第一阶段，整个社区全部为男性；在第二阶段，所有那些在当地娶妻生子的男人们聚在一起，建起家庭社区；在第三阶段，当新的男性移民到来，他们娶当地女性为妻，融入社区，带来新鲜的中国观念，提醒所有人移居的规范。这与同一时期向各国移民的犹太人的做法截然不同，也与在美洲以及后来在澳大利西亚（Australasia）定居的西欧殖民者们不同。

最重要的是第一种形式。移居者全部是成年男性，大部分将妻子儿女留在国内。不允许女人离家远行，是由于官方禁令，使得全家人不可能一同离开中国。对于那些决定居留海外，建立华人社区的男子们，他们使用的主要策略是信奉民间宗教。在东南亚各地盛行的一种例行办法，是为群体共同信奉的神明设立第一个（通常为道教）香案。这有助于加强社会联系，增进信心。第

56

二步是着手建立诸如三合会一类非宗教防御组织，然后修建同中国沿海著名寺庙有关的庙宇，祭拜佛教和其他道教神祇。最终，成长中的社区建立了较大的社会组织，当地政府愿意予以承认。

57 虽然各地存在微小的差异，但是男性社区需要这样的开端，以便开创他们的事业，支持范围不断扩展的各种活动，进而从祖国的家庭和村庄招募增援力量，便形成了从国内连锁移民的现象。这成为移居者最初的行动惯例，一直延续到19世纪后期。到1893年，当禁止出国的律令最终废除，男人们在20世纪初可以将家眷带去团聚之后，情况才逐渐发生变化。

　　无论如何，在1893年之前，停留在这些初创阶段组织中超过一代的人相对较少。大多数男人最终要么返回故乡，要么迎娶当地土著。于是那些留在海外，娶当地人为妻的男人们开创了第二阶段的移居模式——家庭社区。经典例证是爪哇和马六甲的"帕拉纳坎"（peranakan）或"峇峇"（baba）人社区，即土生华人社区，它们在18世纪崛起，成为马来语世界的华人聚居主要模式。

58 男人们（其中很多在国内已经娶妻）生下子嗣，他们希望自己的男性后裔能够保持对于社会和商业利益至关重要的中式美德，便建起这类社区。由于没有受过正规教育，他们的方法是延续宗教信仰和其他社会风俗，主要是同出生、嫁娶、死亡和最著名节庆相关的一切活动。然而，也要求男孩学习基本的中国语言，尤其是父辈的方言口语，以便在日益增长的对华贸易中维系重要的联系环节。这促使男人们不时返回故里，于是便为他们维持一种或多或少中国式的生活及加强移居传统，提供了关键因素。因此，要始终做中国人，便需要保持同中国的联系。那些在国内有家眷的男人，可能也将儿子接出来帮忙，甚至可能最终将海外生意交到他们手上。这些子嗣在离开中国前已经学会读写中文，对于保持当地家庭成员同中国的文化联系来说，他们也大有用武之地。

第三种形式取决于来自中国的男性新移民，仅仅发生在当地政权——不论土著还是欧洲人——允许持续移民的地区。直到18⁵⁹世纪，这类人的数目不大。新移民精力充沛、雄心勃勃，年长的中国男人们需要他们打理生意，其中一些也为"帕拉纳坎"或是混血女儿提供了候选的夫婿。他们也是活生生的证物，提醒人们在中国发展变迁的社会宗教实践，传播交流一种意识，指明必须生活在海外的华人应该如何行事。在移居生活中，他们帮助社区抵制同化的压力。但是直到18世纪晚期和19世纪初叶，当中国南方的经济形势开始恶化，而东南亚的状况大为改观之前，不能指望新客（或者sinkeh）持续定期来临。在此之后，对于日益基于华人血统而建立的社区来说，新客影响很大。其后的努力包括确保在一定程度上正式学习中国传统，以及加强华人自豪感——这个过程被描述为再度中国化（re-sinicization）。

所有这些都发生在商业社区的环境中，其规模受到中国和当地政策的严格制约。到19世纪，当工业革命来临，西方世界的奴隶制终结之后，这些政策实施也相对放松。新一代欧洲资本家们⁶⁰开发的矿山和种植园需要更自由的劳工流动，与此同时爆发的一系列沿海战争，使中国开放了国际贸易，二者并非巧合。在沿海省份，中国多次败于外国列强，于是敞开了劳工移民的大门，他们逐渐前往更远的地方，直到美洲和澳大利西亚。第一波苦力劳工涌到美洲各地，去开辟边疆的土地，他们取代了奴隶，工作劳累之极，中国政府却没有签订任何条约保护他们。[9]绝大多数苦力在非人的环境下工作，但是有些幸存者留了下来。在那些允许不同种族通婚的地区，可以在第二代移民中找到同化的例证，不过绝大多数华人定居在以男性为主的小型社区中，过着移居者的生活。

　　这些最先出现的社区在以欧洲移民为主的社会中生存，表面看来，社区成员们的组织与在国内无异。但是实际上二者存在明显不同。首先，这些在19世纪大批离开中国的是什么人呢？不论到美国加州或是澳大利亚的维多利亚去淘金，或是作为契约劳工，在工厂矿山中成群结队劳作，他们都不同于之前的那些同胞。他们在国内外都没有位高权重的亲朋，绝大多数甚至从来没有做过生意。从未有过如此多人远涉重洋，来到一个没有华人商业社区的地方。在澳大利西亚、加拿大和美国，从来没有如此多的新移民，其人数对由欧洲新移民控制的当地政权构成挑战。以前的华工从来没有移居到自诩在经济和技术上高人一等的族群中，这些人依赖一种全新的、迄今未被认可的阶级意识，力图同外国劳工竞争。以前的华人也从未遇到这样的工友，他们同自己一样受人欺压，一样无人指导，却自认为在种族和文化上高人一等。[10]在美国，我们还发现了另一种独有的特色。在排华浪潮中，年轻的华人学生和寻求现代教育的官员们来到美国。虽然这个群体人数不多，但以前从未有如此受人敬重的同胞尾随劳工大众的脚步。值得注意的是，这些人在下一个世纪将宣告历史性教育运动的发轫。

由于这些情况，除了少数人，那些在淘金热结束，契约终止后还留在美洲和澳大利西亚的华人只能寓居，他们别无选择。因为颁布的排外政策不许妇女入境，很少有华人家庭能够来此定居，也无法建立新的华裔家庭。虽然中国城苟延残喘，但由于上了年纪的男人去世或是回乡，大多数这类社区注定要寿终正寝。华人不像欧洲人那样自认为是移民，这很容易理解，因为他们并没有打算长期离开故国。但也不能说他们有意识地移居异国，因为移居的现象还没有被认可，移居的概念还没有被界定，也没有一个称谓来展示他们的存在。

然而，同几个世纪之前在东南亚的前辈们相比，他们在某些方面更像移居者。尽管路途遥远，他们却更容易同在国内的家人保持各种形式的联系。由于同中国建立了外交关系，几个美洲国家都驻有领事馆代办处。有关中国的新闻，甚至来自中国的书籍报刊，送达西方华人的速度几乎同送达东南亚华人的一样快捷。由于朝廷长期以来对东南亚华人的忽视和漠不关心，在漫长的岁月中，他们也已经疏远了中国官府。与之相反，那些19世纪下半叶离开中国的劳工，即使是最贫穷的人也有一种强烈的中国认同意识，这是即将充满所有华人心绪的民族主义的先声。

因此，这个时期的移居者们寻求保持华人身份认同的方式，在一定程度上标志着新的开端。前辈们的经历提醒他们，以前要确保子孙后代的华人身份极为困难。但如果他们的前辈取得了一

定程度上的成就，1900年的客观条件可说是大为改善。此时中国
64 政府更为了解，也更关心他们的命运。事实上，此时东南亚殖民
地半殖民地的移居者受到欢迎，而欧洲移民主宰的国家却在有计
划地将他们驱逐出境，这种令人痛苦的差异只能强化一种愿望，
即将海外华人问题上升到之前做梦也想不到的高度。

/ 1900年之后

到19世纪末，移居传统得到一个新名称：侨。现在被称为华
侨的移居者得到合法化。从此告别一种鬼鬼祟祟的神秘处境，一
种贱民和冒险者的生存，不再带着下层阶级的苦力背景，开始
了新式移居。在其后的半个世纪中，取而代之的是一种坚忍、进
取、勇敢的形象，且夹杂着中国政府对他们隐约的担心，认为这
些新移居者对中国身份认同的程度不高，需要帮助他们达到更高
的标准。同时也愈发认识到，将移居者遗弃的时间已经太长，外
国列强剥削他们的才智，增加国家财富，很多人已经接受了"蛮
65 夷"的处事之道。于是油然而生一种紧迫感，呼吁对中国给予适
当的支持，引导华侨努力为中国服务。

开放通商口岸后，中国沿海情况的变化，迫使清政府重新
界定同中国臣民的关系。尤其是来自像薛福成、黄遵宪这类外交
官的报告，以及在香港和上海这样的城市中，郑观应这类商界人
士所写的文章，这些舆论上的准备，唤醒国人面对一个到国外旅

行、居住、甚至于定居的世界。[11]1896年，当孙中山在伦敦被离奇绑架时，众人了解到一个事实，即孙曾在海外的同胞中旅行，在国境之外，他的广东同乡们同情并热情响应他关于推翻清朝的呼吁。[12]1895年，中国败于日本之手，于是康有为和梁启超等文人学者倡导激进的百日维新，人们对此满怀期望长达数月。但真正重要的是，当康梁流亡海外时，他们在海外华人中受到款待，这是没有官职的著名文人首次获得的待遇。[13]突然之间，那些散居东南亚的大批华人，甚至在西方世界作为少数的华裔，前所未有地吸引了国人的关注。

结局颇富戏剧性。当清朝官府，以及朝廷的批评者和拥护者们发现，有移居者愿意接受新思想，这些人在东南亚土著政权和欧洲政府之间周旋，游刃有余，可以利用其海外经历在中国事务中发挥作用时，他们都同样大感兴奋。在一个层面上，有关海外华人的各式各样新闻和述评数量增加。学者和官员寻找记载这些人的历史文献，尤其是那些宋朝以来在东南亚功成名就者的逸事趣闻。在另一个层面上，清朝官府、改革者和革命组织都在拉拢华侨，主要为了得到他们的财力相助，前者为了发展帝国经济，后者为了改革或是革命推翻清廷。

对于在20世纪的头十年中，各方如何竞相取得华侨支持，现在已有翔实的记载，我们不应被细节所困。至于华侨的回应，如果不能说是一致的热情洋溢，也可算很有同情心。他们通过投资或是运用知识技术报效祖国的意愿既不难理解，也不令人惊讶。

出人意料的是，海外华人对孙中山民族主义的衷心支持和轻易认同，这得益于渗透在华人社会的反抗传统，穷苦且不通文墨或识字不多的华侨迅速政治化。以下不加雕饰的打油诗写于1903年，是为了唤起东南亚移居者中比较冷漠的有钱人，或许这些诗句最好地概括了想要传递的政治信息。它们选自充满感情的《革命歌》，它广为流行，在当时影响极大。[14]

> 再告海外众华侨，天涯万里总同胞。
> ……
> 南洋瘴气扑天深，瘟疫来时命不存。

在海外垂垂老矣，纵有财富又有何益，这是贯穿整首诗的主题。

> 银钱堆积成何用？何不将来驱满种？

作者在诗中指出，十万支快膛步枪就能推翻清廷，建立起共和制政体。华侨们就能够在那些瞧不起自己的欧洲人面前扬眉吐气。

> 人生长乐总难求，一点良心在识羞。
> 如何最是可羞事？忘了祖宗百世仇。
> 不然寄篱他人国，却忘他身原汉族。

此后便极为严肃地告诫说，这些诗句标志着态度的决定性转折：为了中国政府可以关照华侨，华侨自己必须承担起相应的责任，必须付出相应代价，不仅应该以投资形式，进行爱国主义援助，而且需要重新回归传统价值观念，这是移居道德观的核心所在。

1911年，清朝灭亡，建立了中华民国，对移居者们而言这是一个新纪元。称他们华侨，并不仅仅为他们找到一个新名称。这个名称涉及一种标准化运用，肯定了民族意识，对复兴中华的信仰，是一个可以当作徽章自豪佩戴的名号。移居成为民族责任，民国政府负责维护保障移居者。在外交部机构内，最终组建了侨务委员会，它的工作超出筹款和外交保护，也涉及教育和身份保持。提供新教科书和训练来自国内的老师教授华侨的项目，留下了经久不衰的遗产，不仅支持了移居，而且肯定移居是一种爱国主义义务。

孙逸仙及其追随者们对世界各地的华侨满怀信心，这些人在革命者最需要的时候伸出援手。当国民党在1928年执政之后，政府更加致力于促进海外华人的福利。官方决心使所有移居者保有爱国心，于是爱国华侨的形象变得更加丰满。这项任务不仅依靠领事馆官员，也通过在当地吸收的国民党成员，他们定期受到南京政府的表彰。政府鼓励身在中国的学者更加深入地研究海外华人。一个新的研究中心在暨南大学成立，然后上海也成立了这样的研究中心，出版书籍、专著、期刊和杂志，讨论在海外华人中搜集的、连篇累牍的资料数据。[15]外国和殖民地政府系统性地报道这些移居华人，这个现象引发了关注。对于东南亚华人进行的商业活动的关注，尤其引人注目的是日本人出版的书籍，有些立即被译成中文，更不用说还存在为数更多的、未出版的秘密报告。[16]

当时存在两大类移民群体，分别在东南亚和在美洲以及澳大利西亚移民国家（immigrantstates）。中国政府对这两大群体的努力，造成了全然不同的效果。政府颁布的政策对身在移民国家中的华人影响较小，因为在此时那里的移居者年事渐高，数量大减，当地政府也不批准移民入境。然而由于受到关注，北美和澳洲的社区大为振奋。虽然他们在移民国家的地位未能提高，那里的华人依然感谢中国政府的努力，他们仍然热爱中国，参与中国事务。对于美国的华人来说，大学及学院里的大量中国留学生为当地华人的生活带来乐趣。

随着华人东南亚财富的日益增长，吸引来更多的移居者，大量教师、记者和其他专业人员更频繁地往返于东南亚和中国。中国南方的军阀混战、地方匪患、内战、经济崩溃，使得华人劳动力源源不断涌入东南亚。由于绝大多数爱国华侨选择留在国外，民国政府不遗余力，利用他们的爱国主义来帮助一个分裂的、积贫积弱的祖国。至于殖民地政府的反应，却是日益警惕华人中上升的民族主义。针对中国对当地华人行为的影响，殖民地政府逐渐采取措施，其中包括允许全家移民，劝说华人定居，殖民地建立更多学校，鼓励青年逐步形成对当地的忠诚。在不同的华人群体之间，学习了中文并寄希望于中国的华人，和那些接受当地或是殖民地语言教育的华人之间，关系逐渐变得紧张起来。与此同时，海外华人的民族主义的增强，使新兴的当地民族主义领导人感到恐慌，迫使他们密切关注华人的野心，并促使当地民族主义与华人民族主义抗衡。

在抗日战争和第二次世界大战期间，中国人的民族主义热情达到顶点。华侨对祖国的危亡深表关注，很多投身于民族救亡事业。更有趣的是，此时的中国，传统和现代的观点激烈碰撞，甚至影响到了海外华人，两种截然相反的观点在海外华人群体蔓延。中国传统价值观"父母在，不远游"，在20世纪早期，此观点被重新赋予意义，认为只要他们保有中国人身份认同，远赴重洋也是合乎情理的。可是现代民族主义日益要求新的承诺，顺理成章地引导海外华人们回到中国建设祖国，或是抵御外侮。如果华侨接受这个逻辑，海外华人的数量会大大减少。但是实际上，移居海外的华人日益增加，因为他们明了，在国外他们有更好的生活。 73

对于真正的移居者来说，中国的吸引力超出思想上的好奇。很多东南亚的华人家庭用心培养年青一代对中国寄予希望，中文学校极得人心。很多人在高中毕业之后进入中国的大学学习。对于有些人来说，学习中文并了解中国成为生活本身的潜在意义。中文被视为关键。死记硬背诗章辞赋的片断，以及死啃选出的古文篇章，都对学习中国文化至关重要。不过，南京政府施行的教育政策以及上海出版的教科书是现代产物。在学习传统价值观念和中国历史之外，更多强调科学和数学，这是中国急需的技能。如果海外华侨有一颗爱国心的话，他们最被鼓励的事情是在国外学习所有的新东西，一旦回国，可以真正报效祖国。[17]但是中国自身也在变化，很多移居者感到迷惑不解，不知应该选择哪种忠诚。他们必须在同一时间眼观八方，尤其需要使自己适应当地日益现代化的环境：他们生于斯，长于斯，希望继续在这里生活。如果不能发财致富的话，他们也需要寻找赖以为生的新手段。 74

东南亚各地的移居者社区并非彼此相似。在东南亚的一些地区，由于经济和技术的变化，不同的移居者群体得以对外部世界有了更深入的了解。他们与各式各样的人互动，包括东南亚本地的很多不同群体，不同类型的欧洲人和欧亚混血，以及其他亚洲移民和移居者，比如印度人、日本人、犹太人和各种各样的穆斯林，这些都拓展了他们的经历。在当地出生的年轻人中，有很多不愿意回到中国。他们既不能说、也不能读中文，接受的是欧洲语言教育。他们曾就读于很多不同类型的学校，接受了丰富多彩的教育，因而视野开阔，并不认同某个单一的传统。当地出生的青年在多元文化的社会中长大成人，遇到杂七杂八的现代思想和实践，这种环境往往对那种只承认一种爱国华人的思想形成挑战。人们各自寻找自己的文化混合物，在其中注入一种华人的民族忠诚，有些人成功了——但是对于很多人来说，仅仅是传统和现代性本身，都无法解释他们生活其间的这个复杂而又不断变化的世界。

当中华帝国不欢迎他们返回故土时，移居在昔日的华人中发展起来。这是一种生活策略，使他们逗留国外，同时等待回乡的机会。"华侨"这个现代概念是一种新规范，鼓励移居者的政治忠诚。作为回报，他们得到官方的保护。这个政治概念是现代民族主义的产物，如果孤立地看，是行之有效的。但是当遇到其他族群的民族主义，可能会成为冲突之源，为华侨本人带来极度的痛苦。如果这类爱国的移居者人数众多，就像在东南亚地区，移居这个概念本身就到了必须让位的时候。第二次世界大战结束后不久，这样的概念被放弃。移居者生活走入绝境，选择也越来越少。绝大部分爱国华侨别无他选，只有返回祖国。相对爱国心弱一点的和疑虑重重的华人在两条路之间取舍：或是被其他文化同化，或是在日益多元文化的社会中，发现新的途径保持自我。到20世纪50年代时，由于种种原因，移居华人必须准备好被再度改变。

77

注释

1　Wang Gungwu：“Migration and Its Enemies，”in *Conceptualizing Global History*, ed. Bruce Mazlish and Ralph Buultjens (Boulder: Westview Press, 1993), pp. 131-151; Wang Gungwu：“Sojourning: The Chinese Experience in Southeast Asia，”in *Sojourners and Settlers: Histories of Southeast Asia and the Chinese*, ed. Anthony Reid (Sydney: Allen & Unwin, 1996, pp. 1-14。

2　Michael Godley：“The Late Ch'ing Courtship of the Chinese in Southeast Asia，”*Journal of Asian Studies*, 34, no. 2 (1975): 361-385。

3　Wang Gungwu：“The Origins of Hua-Ch'iao，”in *Community and Nation: China, Southeast Asia, and Australia*, new ed. (Sydney: Allen & Unwin, 1992), pp. 1-10。

4　张燮对于“东西洋”国家的第一手考察于1617年问世，在随后的两个世纪中，此书成为众多研究的主要材料来源。此书在1962年由台北成功书局再版，书名是《东西洋考》。此书的全文翻译的工作由莱登大学的Leonard Blusse和他的同事们与厦门大学的学者联合承担。最近的一项研究表明，为了寻找异国商品，中国商人远离家乡，在16世纪末来到马来群岛。此项研究的作者是Stephen Tseng-Hsin Chang：“Commodities Imported to the Chang-chou Region of Fukien During the Late Ming Period: A Preliminary Analysis of the

Tax Lists Found in Tung-hsi-yang k'ao," in *Emporia, Commodities, and Entrepreneurs in Asian Maritime Trade, C. 1400-1750*, ed. Roderick Ptak and Dietmar Rothermund (Stuttgart: Franz Steiner Verlag, 1991), pp. 159-194。

5   《海国闻见录》成书于1730年。作者陈伦炯取材于他的父亲在17世纪70—80年代在东南亚从商的经历，并辅以他在外国商人中的调查。父子二人后来都成为负责沿海防卫的官员。这本书主要关注外国商人的母国，而不是同他们做生意的中国商人。例如，有关马来人以及他们同荷兰人以及西班牙人的关系，陈伦炯的了解极其丰富；见Wang Gungwu: "The Melayu in Hai-kuo wen-chien lu," in *Community and Nation: Essays on Southeast Asia and the Chinese*, selected by Anthony Reid (Singapore and Sydney: Heinemann Educational Books [Asia] and George Allen & Unwin Australia, 1981), pp. 108-117。

6   从1783年起，王大海住在爪哇，在1791年完成这本书。但是到1806年才出版。不太清楚他到底在爪哇住了多长时间，但可能不到10年。他实际上住在三宝垄一个有钱的华人家中，对生活在荷兰人和爪哇人中华人富户的生活方式了解甚多。到19世纪，他的著作被译成英文，题目是Ong Tae-hae：*The Chinaman Abroad, or a Desultory Account of the Malayan Archipelago, particularly of Java*, ed. and trans. 麦都斯译（W.H. Medhurst）(Shanghai: Mission Press, 1849)。初版《海岛逸志》最近出版了注释本，是香港中文大学和上海华侨历史学会联合出版的历史珍本文献丛书中的一本，见姚楠、吴琅璇校注（香港：学津书店，1992）。

7   谢清高的《海录》由杨炳南在1820年笔录，因为谢在1796年31岁时便双目失明。当时他已在南海航行了14年之久。冯承钧在1936年完成了完美的注释本；《海录注》（北京：中华书局）于1955年再版。

8   这里的混血社区和其他地方的不同命运，由G. William Skinner（施坚雅）做了很好的描述。他最初的文章题为 "Change and Persistence in Chinese Culture Overseas: A Comparison of Thailand and Java," *Journal of the South Seas Society*, 16 (1960): 86-100。他继续精炼主题并扩大研究范围，最近的研究 "东南亚的混血化华人社会"具有权威性，载《南方华裔研究杂志》（澳大利亚国立大学南方华裔研究中心主办，第一卷，2007）。

9　Robert Lee Irick："Ch'ing Policy toward the Coolie Trade, 1847-1878," Ph.D. thesis, Harvard University, 1971, 2 vols. 后来定稿在台北出版，标题为Ch'ing Policy toward the Coolie Trade (Taipei: Chinese Materials Centre, 1982)。

10　关于19世纪世界范围的中国移民，已经有了很多学术研究成果，它们提到一个或是更多这里总结的特征。涵盖移民现象各方面的资料集是陈翰笙等编：《华工出国史料》（北京：中华书局，1980—1985）11卷。

11　1890—1894年，薛福成（1838—1894）是派到法国、英国、比利时和意大利的使节。记载他在欧洲岁月的日记以及其他关于外交事务的笔记收入他于1898年完成的全集《庸庵全集》。黄遵宪（1848—1905）年纪尚轻时就在日本开始了他的外交生涯（1877—1882）。他担任过驻旧金山的总领事（1882—1885），驻英国公使馆顾问（1890—1891），驻新加坡总领事（1891—1894）。他尤其通晓两类海外华人社区——新加坡为代表的东南亚华人和以旧金山为代表的北美移民社会。郑观应（1842—1921）以其《盛世危言》而广为人知，此书是一本文集，写于19世纪后期，反映出香港和上海新一代现代商人的看法。他是最坚定强调贸易和工业重要性的人之一，也表明自己十分通晓海外华人的企业精神。

12　关于孙中山1896年在伦敦，以及那个重大事件对今后影响的最充分研究，见黄宇和（J. Y. Wong），The Origins of an Heroic Image: Sun Yat-sen in London, 1896—1897 (Hong Kong: Oxford University Press, 1986)。

13　关于改革者康有为（1858—1927）和梁启超（1873—1929）的仕途以及他们1898年力图使清朝政府近代化的努力，研究众多；见Hsiao Kung-ch'uan萧公权著，汪荣祖译，《近代中国与新世界：康有为变法与大同思想研究》（凤凰出版传媒集团，江苏人民出版社）和Philip Huang（黄宗智），Liang Ch'i-ch'ao and Modern Chinese Liberalism (Seattle: University of Washington Press, 1972)。至于他们对世界各地海外华人社区的研究，却不太为人所知，尤其是康对华人社区教育和文化的改革，以及梁有关各个方面的精神启蒙，包括他对在20世纪之前几乎无人问津的海外华人活动历史的关注。

14 这是两首革命打油诗中的一首，与邹容那本流行甚广，影响很大的著作《革命军》在1903年一起出版。我对打油诗片断的翻译来自"颂"的附录，此文最初在1976年为C. R. Boxer纪念论文集所写，题目是"A Note on the Origins of Hua-ch'iao," *Masalah-Masalah Internasional Masakini*, ed. Lie Tek Tjeng, vol. 7 (Jakarta: Lembaga Research Kebudayaan Nasional, L. I. P. I., 1977), pp. 71-78; 重印后收入1981年我的论文集*Community and Nation: Essays on Southeast Asia and the Chinese*, selected by Anthony Reid (Singapore and Sydney: Heinemann Educational Books [Asia] and George Allen & Unwin Australia), pp. 118-127。

15 上海暨南大学一批学者在20世纪20和30年代出版的书籍和文章可以在以下书中找到：Hsu Yun-ch'iao," Preliminary Bibliography of Southeast Asian Studies," *Nanyang yanjiu Bulletin*, no. 1 (1959): 1-169; Austin C. W. Shu & William W. L. Wan, *Twentieth Century Chinese Works on Southeast Asia: A Bibliography* (Honolulu: East-West Center, 1968)。

16 六卷本*Nanyo kakyo sosho* (南洋华人系列) 由Toa Keizai Chosakyoku in Tokyo（1939—1941）出版，对于日本研究海外华人的范围，此书提供了颇有益处的书目资料。Kakyo kankei bunken mokuroku（关于海外华人文献目录）由Ajia Keizai Kenkyujo在1973年出版，对以上书目加以补充。更近的有Yang Chien-chen & George L. Hicks, eds., *A Bibliography of Japanese Works on the Overseas Chinese in Southeast Asia, 1914—1945* (Hong Kong: Asian Research Service, 1992)。日本对于这一时期的东南亚兴趣广泛，参见周婉窈、蔡宗宪合编，《〈台湾时报〉东南亚相关资料目录（1909—1945）》（台北："中央研究院"东南亚地区研究项目，1997）。

17 在第二次世界大战之前，上海为世界各地的华侨学校出版了许多套课本，在中国之外的图书馆中仍旧可能找到一些，但是大多不全。关于当时对这些课本的讨论，见Tsang Chiu-sam, *Nationalism in School Education in China* (Hong Kong: Progressive Education Publishers, 1967)，1933年初版；以及Victor Purcell, *Problems of Chinese Education* (London: Kegan Paul, Trench and Truber, 1936)。

第03章

/ 追寻自我的多元文化主义

在19世纪末，移居华人这种前现代现象变得受人尊重，在20世纪前半叶，又变得高度政治化。中华民国（1912—1949）的干预主义政策导致持续不断的呼吁，对爱国主义和资金支持的号召传到每一个海外华人社区。这往往是笼统的告诫劝勉，应用于所有华人，针对全世界所有地区的华侨。但是并非所有移居者，尤其是在当地出生的华人，愿意对中国民族主义做出政治回应。虽然对身为中国人感到自豪，这些小群体并不一定被新兴的中华民族身份认同所吸引。

在政府和党政要员的心中，不论是哪个政权统治中国，所有移居者都会认同其合法性。他们忽略了一点，即一些不太显眼而且有意保持低调的非政治性群体并不愿意彰显他们的华人传统。 79

这些群体要么是非常在意当地环境，或是单纯对中国民族主义感到不自在。关于"爱国"的呼吁，并没有考虑到不同的移居者在极为不同的环境中生存。爱国主义和中国的危亡被视为绝对的概念，反复被灌输给远离家乡的移居者们，唯恐他们不知。对于海外华人来说，这种策略极为有害，导致他们在居住国被视为潜在的不忠臣民。这种"每个华人都永远忠于中国，不会完全归属他或她所选择国家"的印象，需要旷日持久的努力才能消除。[1]

前文我描述了保持了华人身份认同的移居社区，有的延续了数个世纪之久。这是一些东南亚的家庭或是小型社区，他们已在当地扎下根来，愿意遵守当地习俗，或是以各种形式适当改变，以适应当地社会。他们因与众不同的民族性受到尊重，也是唯一的本地精英和欧洲人都愿意打交道的人。他们居住在东南亚各地，其中一些更为"中国化"，维持的时间也更长。在一些地区，很多华人最终被当地精英社会同化，通过族群间通婚或是进入政府机构的上层，也因此提高了家庭地位。[2]

但是，在那些政治、人口统计学、文化和经济环境使得同化不如预期或是非常困难的地方，比如绝大部分人口是穆斯林的荷属东印度群岛以及英国在东南亚的属地，出现了新型的"土生"华人社区。他们中的商界领袖不遗余力地招募师资，建立学校，以确保他们的男性继承人能够实现"中国化"，从而继承家业，并独立地与中国进行商业往来。经典教育是达到最高水平中国文化的途径，对此他们无力涉足；这些毕竟同他们在移居社区中生存的直接需求毫无关系。反之，他们认识到，与在中国不同，财富是确保社区自治（autonomy）的最重要因素。他们也意识到，跨文化的关系，尤其在同欧洲官员、商贾以及当地贵族打交道时的敏感性，是华人社区繁荣的关键。此外，他们在多元文化的社会中生存的能力，使得当地的各个阶层都接纳他们。

在第二章中，我关注的是传统移居者的移居方式，他们的所作所为，在漫长的岁月中不为人知，到20世纪初才被正式认定为爱国华侨。在20世纪40年代，中国支持抗战的努力如火如荼，爱国主义达到顶点，最终为中国在联合国赢得一席之地。然而当中国实行社会主义，前东南亚殖民地建立了民族国家之后，这种爱国主义模式成为一柄双刃剑。1949年之后，尤其在反共的民族国家，每一个华人都被怀疑成共产主义者，或者至少是共产主义的同情者，无法得到信任。与此同时，中国呼吁爱国华侨回国帮助社会主义建设，使得问题更加复杂化。华人中的爱国者多数回到祖国。但是大多数华人并不分享这种强烈的爱国主义——尤其是土生华人，他们留在海外。他们被告知自己面对的几种选择：同化、融合（integration）和文化适应（acculturation），当地政治和社区领袖们日益频繁地使用这些字眼。这是当时社会科学著作中使用的概念，它们"高尚体面"的含义来自美国成功的"熔炉"（melting pot）模式。

如果同化是一种选择，另一种选择是昔日那些定居当地、却未被同化的华人，他们的策略使自己的社区延续了数代之久。其中包括那些与东南亚大陆上的越南人、泰国人、缅甸人和柬埔寨人自由通婚的华人后裔，也包括居住在菲律宾不同岛屿上的混血华人，他们与刚出国的华人工作联系紧密。最别具一格的是荷属和英属马来群岛上的"帕拉纳坎"，字面意思是土生华人［也称为"巴巴"或是海峡华人（straits Chinese）］。[3]

20世纪上半叶，土生华人经受了来自中国的爱国主义压力。他们寻求文化自治，不仅拒绝被当地人同化，也抵制中国政府和新移民重新使他们中国化的努力，手段巧妙，毫不冒失。不过还有其他因素。在海外华人中，他们保持自身文化的故事是新颖的，这个故事的五个方面可以有助于我们理解20世纪下半叶的现代移民潮（diaspora）。[4]

/ 重新中国化的目标人群

故事的第一个方面，是土生华人成为重新中国化的目标人群。在国外生活数代之久后，他们在不同程度上接受了当地文化，以至于许多人被之后的移民们认为不像中国人。他们因此承受重重压力，被要求达到为爱国华侨定下的标准。这些标准融汇到学校教科书中，面向世界各地发行；通过强有力的规劝性文字一再阐明，真正的中国人应该是怎样的。在完全用中文授课的学校和主要接受中文教育的新移民中，可以坚持这些标准。但是绝大多数土生华人认为这些标准难以掌握。他们中的很多人只懂几句中文，或是对中文一窍不通，喜欢当地食物（尤其是发展了自己独特的烹饪法），能用本地语言流利地交谈，认同当权的殖民地政府。

1941—1945年，日本人占领了绝大部分东南亚领土，他们对土生华人和中国同胞的统治是高度趋同的。战争和祖国的沦陷，使土生和中国出生之间的差异无足轻重。他们都是中国人，都沦落至同样处境，不仅在日本敌人眼中，在土著民族主义者眼中也日益如此，日本人似乎在鼓动这些当地民族主义者。因此具有讽刺意味的是，比起民国政府的劝诫，日本人使得土生华人的再度中国化进入一个更深的层次。如果不是盟军赢得了胜利，土生华人的重新中国化进程无疑会更加深入。[5]

中国是第二次世界大战的战胜国。亚洲和移民国家中的华人都感到宽慰和自豪。大多数都愿意认同这个中国将在其中居于优势地位的新世界秩序。在北美，爱国华侨们重燃提升自身地位的希望。但是中国重开内战，几十年来与华侨关系密切的南京政府败北，退到台湾。共产党人和国民党人在继续争夺华侨的民心，但是根本问题不再是重新中国化，而在于支持台湾国民党当局的政治合法性，还是奉行大陆的革命民族主义。

1949年之后，"冷战"对意识形态的强调，渗透于所有海外华人社区。因此在很多人眼中，重新中国化无异于与共产主义者为伍。如果海外华人抵制共产主义意识形态，不论是否在当地出生，他们都有更多的选择。其中很多人能够在移居的国家中取得公民身份，于是他们最终开始考虑在国外永久定居，并加入新的国籍。如果愿意，他们也可以寄希望于被打败的台湾国民党当局，或者恢复传统移居者的行为方式，尽可能保持自己的华人身

份。很多东南亚华人选择靠近将取代殖民统治、建立起新的合法

民族政权的当地势力。然而在美洲和澳大利西亚的欧洲移民国家中，华人需要新方法获取政治和社会地位。依据占主导地位的白人的标准，这些方法包括为取得一技之长而勤奋学习，并谨慎地逐渐涉足社会和政治事务。那些不具备专业技能的人受到发展限制，但是几乎所有人都能够享受经济繁荣。

20世纪50年代后期，国民党当局声称收复大陆的希望落空，而东南亚国家的地方民族主义变得更加强硬，土生华人不再有更多的选择机会。他们可以选择在文化上逐渐融入当地并被同化，或者为保持自己的华人身份而继续挣扎。不论怎样，自从20世纪

初以来，土生华人第一次不再感受到重新中国化的压力。寻求并保持一种身份认同的实验对他们而言并不陌生。他们的父辈和更早的先祖是华人社区"巴巴"的创建者，作为传统移居者，他们不得不想出这样的策略以实现目标。但是在一个民族国家日益互相依存的世界中，昔日的策略即使不全盘改变，也需要与时俱进。

/ 分享精英地位

我们故事的第二部分，将之称为分享精英地位。这个过程正好与第一个相反，即土生华人也是"本土化"（localization）的目标人群，殖民地官员和当地政府官员都同样拉拢他们，使之跻身

于地方精英之列，以便协助统治新近到来的其他中国移民。当第二次世界大战在东南亚结束之后，殖民统治曾短暂恢复，政府笼络那些希望定居当地不再回国的华人。当殖民统治结束后，接手政权的本国政府坚持了这一政策。在可能的情况下，菲律宾、越南或是缅甸政府，也向那些忠于自己的华人开放政府职位。在这些案例中，只要不再认同北京政权，他们的华人身份便不再强调。这也为其他华人提供了样板，确认了官方政策——如果华人准备本土化，那就欢迎他们留下。

88

对于那些完全认同泰国的华人来说，他们所取得的精英地位尤其引人注目。很多华裔成为学界或是专业领域的领军人物，一些人进入内阁，少数被选出来参与泰国总理的选举。

在印度尼西亚独立之后的最初几年，一些华人成为社会精英，协助统治他们的华裔同胞。但是自从20世纪50年代后期，尤其是在苏哈托（Suharto）执政的32年间（到1998年5月止），华人的活动逐渐被限制在商业和投资业特定领域。但事与愿违，这种限制并没有实现当地土著对华人更大程度的接纳。华人经济上的成功使他们日益成为暴民袭击的目标。1997—1998年苏哈托政权面临财务危机时，攻击越来越严重，完全摧毁了华人对未来的信心。面对不确定性，华人将很难全身心地、有效地为国家的经济复兴贡献力量。如此的结果，也没能使印度尼西亚数量日增的穷人和底层人民更加喜欢华人。[6]

89

在英属马来亚（包括新加坡），华人尤为众多，因此不难理解，在独立之后，华人占据举足轻重的地位。他们被鼓励参与地方政治，击败马来亚共产党的挑战以证明忠诚度。因为共产党的多数成员是华裔，如果它成功执政，将不仅威胁所有非华人的利益，同样会威胁华人商业权贵，土生华人也害怕共产党以一种更激进的方式，认同中国的民族主义。

参与当地政治的结果是，华人在更大程度上献身于自己所居住的东道国，超出了绝大部分领导人的预期。参政使很多人有机会公开表明自己的忠诚、加入掌权的政党、甚至组织新的党派。

毫无疑问，分享精英地位直接促使大多数马来西亚和新加坡华人定居当地、以表明忠诚，并抛弃了移居者的思维方式。温和派领导人、马来亚联邦的首位总理和马来西亚国父东古·阿卜杜勒·拉赫曼（Tengku Abdul Rahman），极为成功地赢得了华人的信任。1965年，在李光耀（Lee Kuan Yew）总理的人民行动党（People's Action Party）领导下，新加坡取得独立，当地华人热情参政，于是海外华人对政治漠不关心的传统说法不攻自破。当涉及切身利益时，华人族群准备全心全意履行公民的职责，承担建设国家的重任。[7]

直到最近，在欧洲移民统治的国家中，当地出生的华裔被充分接纳并加入统治集团的理想还未成为现实。例如在北美中，生活在欧洲殖民者和移民中的较早几代华人移居者，错失了向上流动的机会，而东南亚的华人却早已能够出人头地。在北美和澳大利西亚的中国城里，在公民事务和参与政治提高地位的征途上，华人举步维艰。部分原因是他们人数较少，部分由于之前的歧视性政策使他们丧失了斗志。[8]他们将参与局限于和自己有关的特定问题，比如说移民政策、接受中文教育的权利、自己掌控的媒体以及诸多社会文化组织的权利。老"华侨"必须等待，在他们有足够信心参与解决影响全国的问题之前，需要抑制自己的华侨爱国主义，也需要通过当地教育改善自己的社会地位，同样重要的还有蓬勃兴起的文化多元主义（multiculturalism），我在下文中还要接着谈。

/ 选择新的身份认同

故事的第三个方面，很多成功抵制了重新中国化和本土化双重压力的土生华人，选择为自己考虑新的身份认同。他们早已注意到，在中国的教育家提出的中国人的理想形象和自己的生活现实之间，存在日益扩大的差距，他们与文化背景不同的人生活在一起，受到主流文化的影响。此外，关于何为现代中国人身份认同的本质，存在彼此冲突的看法。1949年之后，中国大陆主张一种有关"革命同志的友谊和忠诚"（camaraderie）的新标准，但是在其他地方的绝大多数成年华人中，支持者寥寥无几。虽然台湾国民党并不总是言行一致，但其强调的理想却得到了更多的同情——他们寻求中华文化核心的价值观念的延续。但是对于在非华人社会中长大、在当地学校中求学、学习他国语言的年轻人来说，强调传统价值观毫无吸引力。台北和北京都主张自己代表真正的或是新型的中国身份认同，但二者的区别被政治化，导致更多混乱而不是激励。对很多身在国外的土生华人来说，迅速变化的当地社会使得"声称"逐渐变得无关紧要。

1955年，周恩来总理出席万隆会议，公开发表的政府关于政策转变的宣言，对华人帮助巨大。他开始鼓励移居华人在当地定居，成为合法的公民。中华人民共和国承认了这事实，甚至为他们定义了一个新名称，"外籍华人"（中国血统的外国公民），[9]以便与归侨（回归的海外移居华人）区分，在这种情况下，很多当地出生的华人毫无意外地选择为自己思考新的身份认同。在北美和澳洲的移民国家中，对同化和种族的态度发生了根本变化，也使这种选择也成为可能。

20世纪50年代属于一个仍旧相信同化所有移民的时代。当时的西方社会科学界阐述的美国的"熔炉"模式，在新兴的亚洲民族国家中有影响力。东南亚政府把这种模式融汇到他们的计划中，华人移居者，尤其是那些土生华人被告知，他们的最终命运是同新的民族身份认同完全融为一体。第一步便是有意识地放弃移居生活，成为普通的移民，也就是说，必须接受所在国家给予他们的公民身份。他们须在本国认同和回归中国之间选择，如果二者均不合适，可以挑选第三条路，即移民到其他地方。他们不得不面对的问题，即自己属于哪一类华人，于是有些人便需要回答，是否愿意被归入任何一类华人。

但是到了20世纪70年代，美国的"熔炉"模式发生改变。民权运动大获全胜，机会均等和"反歧视"的口号被广泛认可。由此逐渐孕育出文化多元主义的新目标，其理念影响了美洲和澳大利西亚的其他移民国家，但在西欧古老的民族国家和东南亚的新兴民族国家中，并未得到广泛传播。世界各地的华人移居者和移民密切关注这些新趋势。

起初，这种多元文化主义创造了新的包容性氛围，促进了对合法权利更强有力的保障。这类发展似乎允许回归到早期时候，即华人可以低调消极地移居，这是中华民国将华人群体界定为爱国华侨之前的情景。理所当然地，像美国、加拿大和澳大利亚这类官方采取多元文化政策的国家，对中国移民更为开放。在20世纪60年代，当移民的新时代到来之际，这些国家的环境对新一代移民十分有利，他们自一开始就要求获得公民身份和国籍。 95

台湾、香港移民以及东南亚再移民家庭引领了这一潮流，但最为重要的还是20世纪80年代之后来自中国大陆的大批华人。[10]矛盾之处在于，由于移民接受了更好的教育，又来自不同的环境背景，使得华人族群社区重新界定"华人"的标准成为可能。不同的新移民代表不同的华人价值观，在早期移民中号召更多的自我意识。这种自我反省不仅促使新老华人居民一起寻求使他们在他者眼中被视为"中国人"的核心价值观念，还延续了早期的移居传统，那是一种不受中国政治干预影响的移居。[11]

然而，现代性和多元文化主义的挑战，鼓励移民们直接参与 96当地和国家事务、公民事务以及政治、教育和科学。文化上要求中国人不固守传统价值观念。与此相反，新的华人身份认同建立在不断增长的信心上，即相信华人社区能够在中国境外成功现代化。渐渐地，这意味着海外华人已经准备好在公民活动和政治生活中检验自己新的族群身份。文化多元主义便于华人表达他们对自己新祖国的认同。

个人也能够在他们选择的国家中寻得自己的一席之地。[12]很多人找到自己的文化归属，认同了自己的新身份。北美的华裔小说家、剧作家、音乐家和电影制片人创作了享有国际声誉的作品，他们代表这类成功（例如，Maxine Hong Kingston，Amy Tan，Henry David Hwang，Wayne Wang）不论是否愿意，他们都被视为"新"的现代中国人的榜样。在其他地方，东南亚、澳大利亚或是欧洲，作为少数的华裔，展露艺术和文学才华的机会是很少的，但是记录下精彩时刻的意愿，也同样令人振奋。新的趋势已经不同于以前的关注点，即不再纠缠于什么是"中国人"或不是"中国人"，如何接近于理想形态的"中国人"，甚至于谁更优秀的"中国人"。与此相反，开始兴起一种意识，即探究何为现代，从新的国家能学到什么，这有助于每一个人发出其作为华人的声音。新的身份认同并不取决于他们是否能够读写中文，用很多其他的文化形式表达自己是"中国人"已成为可能。这些华人的呼声或许最终会成为能够将中国大陆、香港、台湾的年青一代联系在一起的方式，它取代了之前的"成为现代中国人"的观念。[13]

/ 商业和教育

故事的第四个方面，从新一代的土生华人讲起。作为一个与众不同的族群，他们决心在各个国家定居下来。他们的人数增长很快，介于中国化和被当地人同化之间，由此创造的一种生活方式，使我们回想起被中国当权者政治化之前的传统移居者，不过二者存在巨大差异。因为其商业抱负和政治观点，一些大陆出生的华人选择离开，进一步壮大这类人的队伍。年青一代接受了现代专业教育，其中有些人日益被世界性、全球性价值观念吸引，于是这一新兴族群引人注目。他们的成功对"中国特性"（nature of Chineseness）这一概念提出了新问题。 ⁹⁸

华人在中国之外体验到自由，于是可以致力于两项密切相关的事业，即积累个人财富，以及获得现代知识。摆脱了国内政治问题的压力，大多数移民和他们的后辈转而关注商业、教育，以及所居住国家的社交方式和文化理念。这又使我们想起东南亚的土生华人社区，想起这些社区度过20世纪上半叶"爱国华侨时期"的方式。土生华人有两种策略最行之有效：在商业和某项专业领域获得成功，并能够掌握多元文化技巧。第一种策略使他们得以享有一定程度的自治，为当地社会做出贡献。第二种不仅有助于他们的生意，还丰富了他们的社交生活，使他们同自己生活所在地的非华人族群建立了经久不断的友谊。 ⁹⁹

如果人们对所有那些有关海外华人的现代作品信以为真，似乎他们每个人都是商界巨头或是百万富豪，华人生来就是商业天才，中国香港、台湾、大陆和东南亚大多数国家中的经济转变都是由于他们的所作所为。这些文字完全是误导，过分渲染的报道可能有害无益。[14]千百万仍旧贫苦的华人故事很少见诸报端。事实上，直到现在人们还不明白，财富并不是华人文化的价值。因为在绝大多数国家，向上流动的政府职位很少对华人后裔开放，于是从商成了他们最重要的谋生之道。不仅是因为早期移民主要从事商业活动，而是私有产权受保护的国家，商业贸易活动对华人有利。[15]

100

引人注目的是，在苏联和东欧共产主义—社会主义国家中，当地华人多数凄惨度日，举步维艰；在那里，表现出商人—资本家天分的人们会受到惩罚。即使是在东南亚，社会主义的缅甸、共产主义的越南与最初的东盟成员国（ASEAN）相比，差异也显而易见。东盟五国的泰国、印度尼西亚、马来西亚、菲律宾和新加坡支持商业，华人企业家为经济增长做出巨大贡献，被视为有价值的公民。确实，在所有这些国家中，华人的私人公司财产所占份额巨大。[16]可以清楚看到，只有在良好的环境中，华商们才能发家致富。

此外，今天的商业需要的不仅仅是辛勤工作、好运和商业天分。凭借这些也许能够创业，如果没有其他因素，则难以持续。

101

虽然昔日移居者们不需要接受现代教育，但自从第二次世界大战之后，教育变得日益重要。在这方面，那些没有被"爱国华侨政治"拖累的土生华人具有优势。他们不仅精通当地语言，还逐渐地熟练掌握英语这门国际性商业语言和现代科学语言，对主体群体的价值观了如指掌，更在学校中接受了正规教育。所有的资料都表明，各国华人将教育视为重中之重。

由于土生华人中的年青一代接受了现代专业教育，尤其是在商业和科技领域，他们抓住了全球经济发展的契机，尤其是自从20世纪70年代以来东亚和东南亚的崛起。年青一代纷纷在美国顶尖大学取得工商管理学位，这种现象绝非偶然。于是土生华人稳步摆脱了"华侨"综合征，与新移民一起建立了跨地区的新的商业网络，辐射日本、美国和欧洲。凭借跨文化和跨国的联系，使得海外华人族群降低了对中国经济的依赖。不过很多人仍旧保持他们的中国关系网，大多是通过香港。因此当邓小平在1978年之后，出人意料地实行改革开放，他们已做好了两手准备。

102

/ "新移民"

故事的第五部分，是关于"新移民"。不同于东南亚，北美和澳洲移民国家从20世纪60年代起，稳定持续地对中国移民敞开大门。其中包括了从东南亚移居来的华人，很多人比以往任何时代的移民受教育程度更高、更富有。20世纪80年代，在加拿大、美国和澳洲大量的第一代华人，为多元的文化环境做出了贡献。

1949年之后，美国开始接受来自中国台湾和大陆的华人，包括大批来自中国台湾的学生。20世纪60年代，其他移民国家开始对中国移民敞开大门。新移民举家迁移而来，其中大多数清楚，计划就是移民定居，他们的行为方式也同传统移居者如出一辙，希望保持自己的华人身份认同。有些来自东南亚的华人之所以选择再度移民，正是因为他们认为这些国家中的包容、人权以及生活方式有助于保持他们坚持的中国特色和价值观。

因为卷入新移民潮的华人受教育程度往往比老移民高很多，他们保持自己中国方式的机会也更多。再加上通信的便利，有财力经常到中国观光旅游，以及可以获取中文的书籍、杂志、电影和视频，他们的精神生活得到极大丰富。这些国家的多元文化主义也很好地鼓励了他们。到20世纪80年代，大批新移民的第一代使得从民国商业文化更加多元。实际上，他们当中有工程师、科学家、数学家、专业人员和各个领域的学者，这些都预示着，在不远的将来会对当地文化产生更深远的影响。

这是否意味着，现在华人将会成为定居者，坚持移居传统的华人最终将消失？自相矛盾的是，便捷的通信和全球流动，使得移居的姿态更易于维持。欧洲的富人和专业人士从来不将自己视为移民，与他们同一个阶层的华人也这么认为。他们在世界各地四处旅行，随意逗留。香港移民中常见的一种行为，被称为"太空人综合征"，这是因为移居而被迫分居两地。"太空人"或承担养家责任的人，将妻子儿女留在他乡，为了生意在中国香港和他国之间飞来飞去。对于其他华人来说，只是移居的方向发生了变化。他们并不一定离开中国，而是离开以前称为"家"的地方去移居。[17]

与此形成鲜明对比的是，20世纪50年代，中国人移民东南亚实际上宣告终止。在第二次世界大战结束时，海外华人的90%是在东南亚；到20世纪90年代，下降到大约80%。在这80%华人中，绝大多数在当地出生，比起父辈来，他们不太了解中国。几乎没有考虑过回国生活。结果是，东南亚国家政府渐渐不太关心他们的忠诚。同中国的贸易是不会中断的。有些政府开始认识到了解中国的价值，甚至开始鼓励自己的国民学习并掌握中文。

对于这个地区的华人来说，中国近在咫尺。他们在中国的投资和贸易越来越多，还可以前来旅行，学习和了解中国，与中国的联系日益紧密。即使没有新移民来到东南亚，这种联系仍在加深。凭借与中国久远又紧密的经济联系，华人的商业经营能力也再创新高，对现代中国文化的兴趣开始复兴。如果一些华人对更高层次的"中国品性"再度关注，我们也并不吃惊。

/ 一个放眼海外的新中国？

中国及其政策对于涌向海外的华人有何影响呢？中国近年来的经济发展，引发了许多猜测，人们关注它在这一地区的潜在力量，甚至也引起邻国的警觉。大众图书和文章不断提及"大中华"，高涨的民族主义，中国对南沙群岛的声明，以及中国准备好用武力实现自己的目标等。这些变化会不会彻底改变华人对一个海洋大国的态度？如果"中国威胁论"持续引发邻国的关注，海外华人将扮演何种角色? 历史能给我们启示吗?

在第一章中, 我提到在现代之前, 17世纪是海外华人最成功的时代, 当时有三个条件, 使福建南部的闽南人获得空前成功:

1. 孱弱的清政府允许沿海省份直接与国外通商。

2. 日本实行锁国政策, 使得没有其他亚洲国家能与中国竞争。

3. 荷兰人和西班牙人的激烈竞争, 给了中国私掠船发展的

107 机会。

第一个条件以新的形式再现, 自从20世纪80年代以来, 沿海省份开放了更多的口岸。那么当中央权力加强时, 情形是否会发生变化? 是否中国政府会再度回归大陆思维方式? 我认为不会如此, 肯定不会有意如此。众所周知, 如今海洋航线的世界性集装箱业务是财富的来源。中国的既定发展策略是先开发沿海省份, 然后再深入内地。沿海基础设施的大量投资, 可以说明传统的思维方式已经改变, 这种改变远超世界的预期。中国设立香港特别行政区, 是对这一变化的严峻考验。中央政府最终要更好地平衡沿海和内地的发展, 并在不影响沿海地区的持续繁荣的前提下, 给予内地省份更多的援助。根据这样的发展模式, 对于同沿海省份频繁通商的东南亚华人族群, 长远来看他们同中国的联系将会日益密切。

第二个条件不会再现。虽然除了日本之外, 中国在亚洲没有

108 强劲的对手, 但日本在国际政治舞台上也是个非常活跃的重要角色。不过这并不是个零和博弈的局面。在以开放为基础的全球市场经济中, 日本这样的海上贸易强国, 对于所有中国沿海地区是

一方利好。此外，韩国、中国台湾和几个东南亚国家，它们都能持续刺激中国大陆的经济增长。尤其是这些地区的海外华人同中国、日本及其他相邻国家建立了更加深入的经济往来。通过投资和技术转让，这些华人可以做到更多。

第三个条件是列强在中国沿海的争斗，这也许可以同1989年之前的美苏"冷战"相提并论。美苏争霸有助于东南亚的华人掌握工业技术和财政资本，建立起自己的企业网络。此外，"冷战"也使得中国在20世纪80年代有机会大步挺进全球性市场。如今这个条件也不复存在，但这是否会与日本和美国的经济竞争类似？美日之间不可能演变成剧烈的冲突。如果这样的事发生，只能进109一步刺激中国在将来更重视沿海发展。但是这个地区的地缘政治是如此敏感，尤其是在东北亚，美国和俄国也牵涉在内，大国间的任何冲突，都会对各国的经济发展造成不可估量的损失。如果说必然存在一种新的危险，它可能是中国和美国在其他方面的直接对抗，很多美国的战略专家和记者们似乎对此翘首以待。[18]定居在美国及其盟国的华人不必为此承担责任。尤其在北美，华人数量渐增，他们的投资在于帮助维持并拓展所在国和中国之间的合作双边贸易关系，可以保证其既得利益。这样的任务，无疑需要具备政治文化的敏感性以及居间斡旋的技巧。一旦弄巧成拙，那么代表中国做出的努力会适得其反，也会导致对海外华人的猜疑和敌视。[19]

这个地区和平稳定的关键在于中国的态度，如何对待19世纪建立的海上联系。在过去的2000年间，中国只有来自陆地的敌110

人。鸦片战争时，英国和其他海上强国挑战了中国的大陆性思维方式。当今唯一的世界超级大国——美国，既是陆地强国，也是海上强国。这种地位一方面有助于美国能够盖过海上霸主英国，另一方面又明显压制陆地强国俄国和德国。对于20世纪的中国，陆地上的威胁来自苏联，海上的威胁来自日本。中国是否最终准备好重新定位自身，并对其海洋利益给予同等重视？邓小平留下遗嘱，将自己的骨灰洒在海里，可能正象征着变化。[20]如果中国在自己的历史和地理学中，加入进军海洋的承诺，便可能在西太平洋中成为制衡美国的力量。如果日本成为中国永久性的亲密盟友，中国也可能成就这一大业，不过即使如此，也要求中国在全球政治中采取一种更关注海洋的立场。

对海洋日益增长的关注，如何影响中国对海外华人、移居传统以及海外华人后裔文化自治的态度和政策？这种态度和政策最终将会如何发展？

1949年之后的决定性变化是，在对资本主义世界仇视了30年之后，中国引人注目地对世界敞开大门。在早期封闭的年代中，一贯的看法是，中国未来会成为该地区的政治和意识形态大国，而不是商业强国，这也反映出传统的大陆性思维方式。中国的"被孤立"，迫使海外华人自寻出路。很多人愿意被同化，但是却不断受到来自当地主流族群以及自己同胞的提醒，要记得自己的华人传统。绝大多数移民回过头来，运用原有策略，保持自身文化。他们成功地扩展了自己的企业网络，并建立起新联系，以应对新挑战。处于大陆之外，不受大陆政策约束的地区，比如香港

The Chinese Overseas:
From Earthbound China to the Quest for Autonomy

和台湾，在此过程中也发挥了关键作用，提供了很大帮助。

有助于发展的其他因素包括美国的"冷战"政策，使得这一地区成为资本主义的前线，日本战后的工业复兴令人瞩目。美国人为日本和韩国提供保护，对中国台湾给予特殊扶持，其最终目的是抵制越南的共产主义，所有这些为这一地区的华人提供了额外的机会，使他们以变革性的方式，为自己创造了商业空间。此外，英国-澳洲的防御承诺，使马来西亚和新加坡得以发挥关键作用，奠定了出口导向的发展策略，地区经济开始转型。在马新两国，马来民族统一机构和人民行动党的领导力量稳固；在印度尼西亚，总统苏哈托为华人提供了他们需要的商业环境。如果1997年7月爆发的亚洲金融危机没有得到控制，这种高度的信任和接纳是否能够延续，将会是对华人适应性和恢复能力的重大挑战。多年后，这将是个值得深入考察的主题。[21]

正是在这种环境中，中国在阔别了30年之后，于1978年回归世界经济舞台。一开始，专门处理华侨事务的政府官员，发现海外华侨的态度小心翼翼、畏首畏尾；因为绝大多数人在"文化大革命"十年之后，变得心灰意冷。虽然他们赞许邓小平的改革开放，但绝大多数对改革的成效毫无信心。那些仍旧有家人在国内的华人试图恢复同亲人的联系，他们发现很多人，包括那些20世纪50年代回归的爱国华人在内，在剥夺一切的动乱年代中受到极不公正的待遇。廖承志恢复了侨务办公室，对华侨的重视始自孙中山，侨办很好地保留了这一思想遗产。[22]不论在国内还是国外，对于如何看待这种历史性联系，存在截然不同的看法。但这并不是当时最紧急的事务。还有很多更为急迫的国际事务需要中国考虑，如中国对投资敞开大门，允许最才华横溢的学生外出留学。1978年之后的10年中，发生了众多令人振奋的事件，相形之下，中国同海外华侨的关系问题不是当务之急。当没有人确定什么是最好的办法时，最明智的似乎是坚持开放，中央政府尽可能不干预。

114 开放为如何同定居海外的华人保持联系提供了最有效的答案。香港的角色极为关键。它临近广东、福建，风土人情与之相近，绝大多数海外华人也来自这两个省份，地理位置优越。通过香港，海外华人恢复了同国内的联系，他们为故乡的村庄捐款，并建起了学校和祠堂等机构，并试探性投资，使得亲友们得以在中国逐渐发展的市场经济中占得先机。最终，中国和东南亚政府达成共识，使海外华人得以提供协助，深化同中国之间迅速增长的商业联系。

  香港和台湾各自对"客居"这个概念都有自己的贡献。改革开放之前，北美和澳大利西亚的中国香港和台湾移民，在所在国经历了文化自治意识的高涨，并同自己在故乡的亲友建立密切的
115 联系。多数人之所以移民，是因为对这两个地区的未来不确定；移居的本能被认为是保持自身文化的新手段。当条件改善之后，将来落叶归根的可能仍旧存在。于是就形成了一种新的移居观念。当然，现在香港回归了中国，情况有些变化。从近期看，那些来自中国大陆的移民中也表现出类似的态度。当老一代移居者大多在新家定居，成为外籍华人，来自中国和其他华人地区

的新一代移居者，将他们取而代之。这对于那些选择融入地方社会的定居者们会造成什么样的影响？这将会成为一个最值得观察的议题。

历史已经表明，不论海外华人社区在何处落脚，总是尽其可能寻求文化自治。在近代民族国家要求其被自身同化之前，这一点相对容易做到。在那之后，华人族群修正了自己的目标，在较为宽容的国家中找到自己的文化空间。有些人为寻找这类空间，再度向其他国家移民。现在，在多元文化面前，同化政策有所松动，海外华人移民国家向华人也承诺了更多的自主权，并提供了更具包容性的文化优惠条件，以换取他们对本国的忠诚。这种趋势会延续多久？这会如何影响一代代土生华人，以及将来的土生华人？我们不知道答案。海外华人社区形成过程中涉及各种变量。考虑到有如此众多不可预知的要素，这个主题会引发人们强烈且又经久不衰的兴趣。我准备做出的唯一预测是，既然有更多的国家愿意奉行文化多元主义，既然华人中存在移居传统，既然一个人口众多的中国，最终转向海洋，那么就会有海外华人寻求独立自治，从而为了保持文化上的中国性而尽可能地努力。

116

117

注释

1   巴素著，郭湘章译，《东南亚之华侨》(台北：中正书局，1966)一书的引言中，对这种情绪做了很好的描述。其中的一种观点是，海外华人是中国的"第五根支柱"。以下用语表达了其他观点："进攻性民族主义实质上主张'有华人的地方便是中国'";以及"国民党力图在每一个东南亚国家中形成主权中的主权,"p. xi.

2　在东南亚大陆国家和菲律宾,这类同化更为常见。在其他地方,社会各个阶层中都能见到文化混杂化;见G. William Skinner(施坚雅),"东南亚的混血化华人社会,"载《南方华裔研究杂志》(澳大利亚国立大学南方华裔研究中心主办,第一卷,2007)。其他程度的同化存在于两个临近的印度尼西亚岛屿邦加(Bangka)和勿里洞(Belitung),二者间区别明显;见Mary F. Somers Heidhues, *Bangka Tin and Mentok Pepper: Chinese Settlement on an Indonesian Island* (Singapore: Institute of Southeast Asian Studies, 1992), pp. 222-226。

3　反映土生华人看法的最坚定的经典研究,是宋旺相著(Song Ong Siang),叶书德译,《新加坡华人百年史》(1923;新加坡:新加坡华人总商会,1993)。关于第二次世界大战之后对土生华人的研究,以下文章开启先河:Maurice Freedman, "Colonial Law and Chinese Society," *Journal of The Royal Anthropological Institute of Great Britain and Ireland*, no. 80 (1950): 97-126。两部更近的研究是:John R. Clammer, *Straits Chinese Society: Studies in the Sociology of the Baba Communities of Malaysia and Singapore* (Singapore: Singapore University Press, 1980);陈志明(Tan Chee Beng), *The Baba of Melaka: Culture and Identity of a Chinese Peranakan Community in Malaysia* (Petaling Jaya: Pelanduk Publications, 1988)。关于印度尼西亚的土生华人,Claudine Salmon 连续发表了一系列文章,讨论有关社区形成时期的文化生活,是权威性研究。自从1971年起,大部分文章发表在*Archipel* 杂志上(巴黎)。其他有价值的研究有:廖建裕(Leo Suryadinata), *Peranakan Chinese Politics in Java* (Singapore: Institute of Southeast Asian Studies, 1976);Donald Willmott, *The Chinese of Semarang: A Changing Minority Community in Indonesia* (Ithaca, N.Y.: Cornell University Press, 1960);Mely G. Tan, *The Chinese of Sukabumi: A Study in Social and Cultural Accommodation* (Ithaca, N.Y.: Cornell University Southeast Asia Program, 1963)。有关土生华人中的重要人物,最近出版了一本论文集,见廖建裕(Leo Suryadinata), *Peranakan's Search for National Identity: Biographical*

Studies of Seven Indonesian Chinese（Singapore: Times Academic Press, 1993）。

4   很久以来，我拒绝使用"离散"（diaspora，曾专指犹太人散居各地——译者）这个词描述海外华人，我现在仍旧担心这个词会像"华侨"一样，引起政治联想，中国的政权机构在过去曾对华侨大为强调（见注释1）。近年来，这个词的使用更加广泛，用来形容世界上几乎所有移民社区，所以现在往往被泛用，具有各种含义。在一篇文章中，我曾探讨这种发展如何使这个词更适用于华人，见Wang Gungwu（王赓武），"A Single Chinese Diaspora?" inaugural lecture at the foundation of the Centre for the Study of Chinese Southern Diaspora, Australian National University, Canberra, February 1999, in *Imagining the Chinese Diaspora: Two Australian Perspectives*（Canberra: CSCSD, ANU, 1999），pp. 1-17. 亦见王灵智（Wang Ling-chi）and Wang Gungwu（王赓武），eds., *The Chinese Diaspora: Selected Essays*, 2 vols.（Singapore: Times Academic Press, 1998）。

5   关于日本人统治下的战时经历，新加坡前总理李光耀在他自传的第一卷中做了简明叙述，见［李光耀，《李光耀回忆录》（中国外文出版社和新加坡联合早报及联邦出版私人有限公司，1998）］。另一部著作最为清楚地阐述了普遍背景，见Willard H. Elsbree, *Japan's Role in Southeast Asian Nationalist Movements*（Cambridge, Mass.: Harvard University Press, 1953）。

6   Charles Coppel, *Indonesian Chinese in Crisis*（Kuala Lumpur: Oxford University, 1983）。廖建裕（Leo Suryadinata）的一系列论文很好地描述了这些华人的文化背景，见廖建裕（Leo Suryadinata），*The Culture of the Chinese Minority in Indonesia*（Singapore: Times Books International, 1997）。Geoff Forrester and R.J. May, eds., *The Fall of Soeharto*（London: C. Hurst, 1998）勾画了1997—1998年，决定华人命运的特殊环境。另一部著作从更广阔的视角，考察在财政危机之前的年代中，使印度尼西亚华人看起来兴旺发展的条件，见Adam Schwarz, *A Nation in Waiting: Indonesia in the 1990s*（Boulder: Westview, 1994）。印度尼西亚最著名的小说家Promoedya Ananta

Toer短文集的重新出版，提醒我们过去发生的事情，见Promoedya Ananta Toer，Hoakiau di Indonesia（印度尼西亚的华人）（Jakarta: Garba Budaya, 1998，此书在1960年初版后遭禁；Wang Gungwu（王赓武），"Ethnic Chinese: The Past in Their Future," key note lecture at the International Conference on Ethnic Chinese , Manila, November 1998, in *Chinese America: History and Perspective 2000*（San Francisco: Historical Society of America and San Francisco State University, 2000）。

7　Chan Heng Chee, *The Dynamic of One-Party Dominance: The PAP at the Grassroots* （Singapore：Singapore University Press, 1976）; Ong Jin Hui, Tong Chee Kiong, and Tan Ern Ser, eds., *Understanding Singapore Society*（Singapore: Times Academic Press, 1997）一书中Chiew Seen Kong（pp. 86-106），Chan Heng Chee（pp. 294-306）的论文; Leo Suryadinata（廖建裕），ed., *Ethnic Chinese as Southeast Asians*（Singapore: Institute of Southeast Asian Studies, 1997）一书中Lee Kam Hing的论文，pp. 72-107; Loh Kok Wah, *The Politics of Chinese Unity in Malaysia: Reform and Conflict in the Malaysian Chinese Association, 1971—1973*, 非定期论文no. 70（Singapore: Maruzen Asia and Institute of Southeast Asian Studies）; Wang Gungwu（王赓武），"The Chinese: What Kind of Minority?" in *China and the Chinese Overseas*（Singapore: Times Academic Press, 1991），pp. 285-302; Wang Gungwu（王赓武），"Malaysia: Contending Elites" and "Reflections on Malaysian Elites," In *Community and Nation: China, Southeast Asia, and Australia*, new ed.（Sydney: Allen & Unwin, 1992），pp. 197-215, 216-235。

8　许烺光著，单德兴译，《美国梦的挑战: 在美国的华人》（台北："国立"编译馆，1997）; Peter Kwong, *China Town, N. Y. Labor and Politics, 1930—1950*（New York: Monthly Review Press, 1979）; Henry Tsai Shih-shan, "Living in the Shadow of Exclusion," in his *The Chinese Experience in America*（Bloomington: Indiana University Press, 1986），pp. 90-118。关于加拿大，见Edgar Wickberg, ed., *From China to Canada: A History of the Chinese Communities in Canada*（Toronto:

McClelland and Stewart, 1982）, pts. 3 and 4, pp. 148-271。大部分有关澳洲华人的作品都在关注19世纪。学者们则开始对20世纪上半叶华人人数的减少予以关注。Eric Rolls 的两卷本著作提供了生动通俗的讲述，见Eric Rolls, *Sojourners: The Epic Story of China's Centuries Old Relationship with Australia*, Vol. 1, *Flowers and the Wide Sea*（1992）and vol. 2, *Citizens*（1996）, both published by the University of Queensland Press, Brisbane。Arthur Huck的著作*The Chinese in Australia*（Melbourne: Longmans, 1967）仍旧很有用处。关于华人的生活如何受到限制，参见以下著作中的有关章节，A. C. Palfreeman, *The Administration of the White Australia Policy*（Melbourne: Melbourne University Press, 1967）。

9　Stephen FitzGerald, *China and the Overseas Chinese: A Study of Peking's Changing Policy, 1949—1970*（Cambridge: Cambridge University Press, 1972）。

10　当中国香港、台湾和大陆的华人移民到海外，他们便加入了华人移居者和移民的行列，很多最终在国外定居，成为海外华人，以及华人移民潮的一部分。但是，香港和台湾均为中国领土，所以香港和台湾的华人同大陆人一样，不是"华侨"或者"海外华人"。很多作者，尤其是用西文写作的记者们对这两个地方混淆不清，使人误解，他们将所有中国大陆以外的华人混为一谈，称为海外华人；见Wang Gungwu（王赓武）, "Greater China and the Chinese Overseas," in *Greater China: The Next Superpower*? Ed. David Shambaugh（Oxford: Oxford University Press, 1995）, pp. 274-296。有些人搞错是因为他们不理解"海外华人"这个概念的含义，而另外一些人可能出于政治目的，尤其是那些声称台湾不是中国领土的人。

11　20世纪的移居由日益发达的通信联系所支持，将华人群体同中国的发展关联在一起。学习中文和获取中文书报杂志都更为容易。电影、电视录像和其他文化制品能够传输很远的距离，到达在最偏僻居住地的家庭；Wang Gungwu（王赓武）, "Sojourning: The Chinese Experience in Southeast Asia", in Reid, ed., *Sojourners and Settlers*, pp. 9-14。

12　Wang Gungwu , "Ethnic Chinese: The Past in Their Future。"

13　Thomas B. Gold, "Go with Your Feelings: Hong Kong and Taiwan Popular Culture in Greater China," in *Greater China: The Next Superpower?* ed. David Shambaugh（Oxford: Oxford University Press, 1995）, pp. 255-273. 王灵智（L. Ling-chi Wang）, "Roots and the Changing Identity of the Chinese in the United States," in *The Living Tree: The Changing Meaning of Being Chinese Today*, ed. Tu Wei-ming （杜维明）（Stanford: Stanford University Press, 1994）, pp. 185-212。

14　Wang Gungwu（王赓武）, *China and Southeast Asia: Myths, Threats, and Culture*（Singapore: World Scientific and Singapore University Press, 1999）, pp. 14-19。

15　西方作者对海外华人的看法会如何矛盾百出，这的确引人注目。误导非华人读者的著作，大谈所有华人企业家的精明强干，这样的书数不胜数，无法在此一一列举。另一个极端，是那些否定中国文化同所报道的成功有任何关系的作者，他们拒绝考虑任何有关文化因素的提法，认为这使人误入歧途。著名的例子是以下著作：Rupert Hodder, *Merchant Princes of the East: Cultural Delusions, Economic Success, and the Overseas Chinese in Southeast Asia*（Chichester: John Wiley & Sons, 1996）。其他人将中国香港和台湾的华人同华人移民潮混为一谈：两本在其他方面颇有用处的相关著作是：Constance Lever-Tracy, David Ip and Noel Tracy, *The Chinese Diaspora and Mainland China: An Emerging Economic Synergy*（New York: St. Martin's Press, 1996）, and *Overseas Chinese Business Networks in Asia*, Produced by the East Asian Analytical Unit, Department of Foreign Affairs and Trade, Canberra, 1995 。

16　一个常常被人引用的，最众所周知的错误数字是，华人控制了印度尼西亚财富的70%，这显然与事实不符。有时还会进一步解释，说其实是印度尼西亚公司财富的70%，至于如何得出这个数字，却没有说明。如果这包括那些有特权的华人控股的大企业和垄断集团，却完全没有弄清这些人占有股份的比例，以及华人作为那些掌握政治军事权力的当地老朋友的代理人，他们是否有真正的控制权；见Wang Gungwu , *China and Southeast Asia*, pp. 5-14。

17　孩子可能留在新国家，也可能不留。例如，很多人回到祖国工作，但保留了外国公民权。最众所周知的例子是来自中国香港的华人；见Ronald Skeldon, ed., *Reluctant Exiles? Migration from Hong Kong and the New Overseas Chinese* (Armonk, N.Y.: M. E. Sharpe, 1994)，书中列举事例，表明他们在加拿大、澳大利西亚、美国、英国和新加坡的经历。

18 美国人对于这类著作中最畅销的一部做出热情回应，表明这种情绪是全国性的。见Richard Bernstein and Ross H. Munro, *The Coming Conflict with China* (New York: Alfred A. Knopf, 1997)。以下著作持一种更公允的观点：见黎安友（Andrew J. Nathan）and Robert S. Ross, *The Great Wall and the Empty Fortress: China's Search for Security* (New York: W.W. Norton, 1997)。

19 对华裔人口的种族敏感很可能会延续很长时间。在游说活动中，华裔族群同样是迟到者。比如当一些美籍华裔在20世纪90年代为民主党筹集资金时，他们对关系的肤浅理解夹杂着过度的热情。虽然他们的努力使之易于接触白宫，也得到了颇有助益的教训，没有对中美关系发挥更大的作用，于是他们意识到如果希望扮演更重要的角色，自己还有很多需要学习的地方。

20 Roderick MacFarquhar, *New York Review of Books*, April 1997。或许邓小平确实懂得电视纪录片的脚本作者试图表达的主题，《河殇》攻击中国顽固坚守的，受土地束缚的过去，以及所代表的保守主义，鼓吹一种现代性的转向海洋。虽然他对赵紫阳为《河殇》辩护十分愤怒，可能他并不反对将现代化等同于放眼海洋，对外部世界采取一种开放的政策。他的经济改革毕竟恰恰反映了这种立场；见Han Minzhu, with the assistance of Hua Sheng, ed., *Cries for Democracy: Writings and Speeches from the 1989 Chinese Democracy Movement* (Princeton: Princeton University Press, 1990)，pp. 20-22。

21 这些讲演是金融危机的3个月前发表的。当时完全见不到危机的任何征兆。对东南亚一些华人财富的急剧变化曾有过很多述评。有些问题已在我的近作中加以讨论（见*China and Southeast Asia* 和 "Ethnic Chinese"），虽然在一些国家中出现了经济复兴的征兆，现在对后果做出结论还为时过早。

22　对于廖承志（1908—1983）为海外华人所作努力的简要叙述，见 Fitz Gerald, *China and the Overseas Chinese*, pp. 172-182, 192-195。亦见Wang Gungwu（王赓武），"External China as a New Policy Area," in *China and the Chinese Overseas*, pp. 222-239。

索引

The Chinese Overseas:
From Earthbound China to the Quest for Autonomy

西亚 West Asia，6，9

西婆罗洲 West Borneo，34

妇女 Women，57-60，63。亦见家庭 See also Family

第二次世界大战 World War II，73，77，88，101，105

新客 *Xinke，sinkeb*，60

徐福 Xu Fu，8

长江 Yangzi（江 river，流域 valley），4，5，13，27，48

永乐皇帝 Yongle emperor，21

元 Yuan。见蒙古人 See Mongols，元朝 Yuan dynasty

越 Yue（Hundred百越，民族 peoples），5

浙江 Zhejiang，5，13，23，37

郑成功 Zheng Chenggong（国姓爷 Koxinga），28，32，34，51

郑和 Zheng He，21，23-24

真腊 Zhenla，8，50

周恩来 Zhou Enlai，95

朱熹 Zhu Xi，20，33

朱元璋 Zhu Yuanzhang，21